Lösungen zum Lehrbuch
Buchführung 2
DATEV-Kontenrahmen 2021

EBOOK INSIDE

Die Zugangsinformationen zum eBook inside finden Sie
am Ende des Buchs.

Manfred Bornhofen · Martin C. Bornhofen

Lösungen zum Lehrbuch Buchführung 2 DATEV-Kontenrahmen 2021

Mit zusätzlichen Prüfungsaufgaben und Lösungen

33., überarbeitete und aktualisierte Auflage

Studiendirektor, Dipl.-Hdl.
Manfred Bornhofen
Koblenz, Deutschland

WP, StB, CPA, Dipl.-Kfm.
Martin C. Bornhofen
Düsseldorf, Deutschland

ISBN 978-3-658-36172-3   ISBN 978-3-658-36173-0 (eBook)
DOI 10.1007/978-3-658-36173-0

Die Deutsche Nationalbibliothek verzeichnet diese Publikation in der Deutschen Nationalbibliografie; detaillierte bibliografische Daten sind im Internet über http://dnb.d-nb.de abrufbar.

Springer Gabler
© Springer Fachmedien Wiesbaden GmbH, ein Teil von Springer Nature 2022
Das Werk einschließlich aller seiner Teile ist urheberrechtlich geschützt. Jede Verwertung, die nicht ausdrücklich vom Urheberrechtsgesetz zugelassen ist, bedarf der vorherigen Zustimmung des Verlags. Das gilt insbesondere für Vervielfältigungen, Bearbeitungen, Übersetzungen, Mikroverfilmungen und die Einspeicherung und Verarbeitung in elektronischen Systemen.
Die Wiedergabe von allgemein beschreibenden Bezeichnungen, Marken, Unternehmensnamen etc. in diesem Werk bedeutet nicht, dass diese frei durch jedermann benutzt werden dürfen. Die Berechtigung zur Benutzung unterliegt, auch ohne gesonderten Hinweis hierzu, den Regeln des Markenrechts. Die Rechte des jeweiligen Zeicheninhabers sind zu beachten.
Der Verlag, die Autoren und die Herausgeber gehen davon aus, dass die Angaben und Informationen in diesem Werk zum Zeitpunkt der Veröffentlichung vollständig und korrekt sind. Weder der Verlag noch die Autoren oder die Herausgeber übernehmen, ausdrücklich oder implizit, Gewähr für den Inhalt des Werkes, etwaige Fehler oder Äußerungen. Der Verlag bleibt im Hinblick auf geografische Zuordnungen und Gebietsbezeichnungen in veröffentlichten Karten und Institutionsadressen neutral.

Lektorat: Irene Buttkus/Catarina Gomes de Almeida
Korrektorat: Inge Kachel-Moosdorf
Layout und Satz: workformedia ǀ Frankfurt am Main

Springer Gabler ist ein Imprint der eingetragenen Gesellschaft Springer Fachmedien Wiesbaden GmbH und ist Teil von Springer Nature
Die Anschrift der Gesellschaft ist: Abraham-Lincoln-Strasse 46, 65189 Wiesbaden, Germany

Vorwort zur 33. Auflage

Neben den Lösungen zum Lehrbuch der Buchführung 2 enthält dieses Buch zusätzliche Aufgaben und Lösungen zur Vertiefung Ihres Wissens.

Deshalb ist dieses „Aufgaben- und Lösungsbuch" in zwei Teile untergliedert.

Der **1. Teil** enthält die

Lösungen zum Lehrbuch

und der **2. Teil** die

zusätzlichen Aufgaben und Lösungen.

Die Themen der einzelnen Sachverhalte dieser zusätzlichen Aufgabensammlung finden Sie im Inhaltsverzeichnis oder in der Kopfzeile des Buches.

Die jeweiligen Lösungen folgen den Aufgaben und Prüfungsfällen direkt. Sie erkennen sie an der grauen Rasterung.

Wir hoffen, dass Sie mithilfe dieses zusätzlichen Übungsmaterials vielleicht noch verbliebene Unsicherheiten in der Anwendung Ihres Wissens beheben können und wünschen Ihnen viel Erfolg in Ihren Klausuren bzw. Prüfungen.

Ihr Bornhofen-Team

Hyperlinks

Die **eBook-Ausgabe** der Lösungen zur Buchführung 2 bietet Ihnen **sorgfältig ausgewählte Verlinkungen** zu Gesetzestexten, BMF-Schreiben u.v.m. Im eBook erkennen Sie diese Links an der blauen Einfärbung des Textes.

Alle Verlinkungen wurden bei Redaktionsschluss (15. Januar 2022) sorgfältig überprüft und waren zu diesem Zeitpunkt aktuell und valide.

Für Veränderungen, die die Betreiber der angesteuerten Webseiten nach dem 15. Januar 2022 an ihren Inhalten vornehmen oder für mögliche Entfernungen solcher Inhalte übernehmen der Verlag und die Autoren keinerlei Gewähr.

Zudem haben der Verlag und die Autoren auf die Gestaltung und die Inhalte der externen gelinkten Seiten keinerlei Einfluss genommen und machen sich deren Inhalte nicht zu eigen.

Wir freuen uns über Ihre Hinweise und Anregungen an **customerservice@springernature.com**.

Teil 1: Lösungen zum Lehrbuch

A. Abschlüsse nach Handels- und Steuerrecht

1 Einführung in Abschlüsse und Aufgaben des Bilanzrechts. 1

2 Rechtliche Grundlagen. 1

3 Abschlussarbeiten und abschlussvorbereitende Buchungen. 5

4 Zeitliche Abgrenzung von Aufwendungen und Erträgen. 7

Zusammenfassende Erfolgskontrolle. 9

5 Grundlagen der Bilanzierung 11

6 Bilanzierung des Anlagevermögens. 15
   6.1 Bilanzierung des abnutzbaren Anlagevermögens 15

Zusammenfassende Erfolgskontrolle. 23

   6.2 Bilanzierung des nicht abnutzbaren Anlagevermögens. 26

Zusammenfassende Erfolgskontrolle. 27

   6.3 Anlagenverzeichnis. 29

Zusammenfassende Erfolgskontrolle. 33

7 Bilanzierung des Umlaufvermögens 35
   7.2 Bilanzierung der Vorräte 35
   7.3 Bilanzierung der Forderungen 37
   7.4 Bilanzierung der Wertpapiere. 41

Zusammenfassende Erfolgskontrolle. 42

8 Bilanzierung der Verbindlichkeiten 44

9 Rückstellungen. 47

Zusammenfassende Erfolgskontrolle. 50

10 Bilanzierung des Eigenkapitals. 52
   10.1 Bilanzierung der Entnahmen und Einlagen. 52

Zusammenfassende Erfolgskontrolle. 54

   10.2 Rücklagen. 57

11 Latente Steuern 58

12 Gesellschaftsabschlüsse. 61
   12.1 Abschluss und Gewinnverteilung bei der OHG. 61
   12.2 Abschluss und Gewinnverteilung bei der KG. 65
   12.3 Abschluss und Gewinnverteilung bei der GmbH 66

13 Wechsel der Gewinnermittlungsart. 68

B. Betriebswirtschaftliche Auswertung

1 Sachliche Abgrenzung 70

2 Auswertung des Jahresabschlusses 72

3 Verprobung mittels steuerlicher Kennzahlen 78

Prüfungsfälle 79

C. Vergleich zu Abschlüssen nach IFRS

Übungsaufgaben 86

Teil 2: Zusätzliche Aufgaben und Lösungen

Rechtliche Grundlagen 88

Abschlussarbeiten und abschlussvorbereitende Buchungen 90

Zeitliche Abgrenzung von Aufwendungen und Erträgen 92

Grundlagen der Bilanzierung 96

Bilanzierung des abnutzbaren Anlagevermögens 99

Bilanzierung der Forderungen 105

Bilanzierung der Wertpapiere 107

Bilanzierung der Verbindlichkeiten 109

Sonderposten mit Rücklageanteil 110

Rücklagen 112

Gesellschaftsabschlüsse 114

Prüfungsfälle 115

Teil 1: Lösungen zum Lehrbuch

A. Abschlüsse nach Handels- und Steuerrecht

1 Einführung in Abschlüsse und Aufgaben des Bilanzrechts

AUFGABE 1

zu 1.: Das Maßgeblichkeitsprinzip greift hier nicht, weil das EStG diese Rückstellung ausdrücklich verbietet.

zu 2.: In diesem Fall muss das Maßgeblichkeitsprinzip berücksichtigt werden, weil die betriebsgewöhnliche Nutzungsdauer eines Pkws im EStG nicht gesetzlich geregelt ist. Die Nutzungsdauern in den Abschreibungstabellen des BMF sind nur Erfahrungssätze. Die Pkws sind auch in der Steuerbilanz über 8 Jahre abzuschreiben.

AUFGABE 2

Nach § 150 AktG braucht die AG einen Jahresabschluss nach HGB. Er ist für die Gewinnverwendung maßgeblich.

2 Rechtliche Grundlagen

AUFGABE 1

Es sind **keine** Vorschriften des HGB zu beachten, weil die Steuerberatungs GbR **kein Kaufmann im Sinne des HGB** ist. Insbesondere fehlt es an einem Gewerbebetrieb, da die Steuerberatung eine freiberufliche Tätigkeit ist.

AUFGABE 2

Aktiva		Bilanz zum 31.12.2021		Passiva
A. Anlagevermögen		**A. Eigenkapital**		508.000,00
I. Sachanlagen				
1. Grundstücke und Bauten	420.000,00			
2. Betriebs- und Geschäftsausstattung	55.000,00			
B. Umlaufvermögen		**B. Verbindlichkeiten**		
I. Vorräte		1. Verbindlichkeiten		
1. Waren	80.000,00	gegenüber		
II. Forderungen		Kreditinstituten		100.000,00
1. Forderungen aLuL	20.000,00			
III. Kassenbestand, Guthaben bei Kreditinstituten	33.000,00			
	608.000,00			608.000,00

11.03.2022 Egon Becker

2 Lehrbuch 30/31

AUFGABE 3

Gewinn- und Verlustrechnung für die Zeit vom 01.01. bis 31.12.2021

Nr.	Posten	€
1.	Umsatzerlöse	1.600.850,00
2.	Sonstige betriebliche Erträge	4.300,00
2.	Aufwendungen für Waren	1.284.980,00
3.	Personalaufwand:	
	a) Löhne und Gehälter	77.450,00
	b) soziale Abgaben	31.800,00
4.	Abschreibungen auf Sachanlagen	60.540,00
5.	sonstige betriebliche Aufwendungen	49.720,00
6.	sonstige Zinsen und ähnliche Erträge	150,00
7.	Zinsen und ähnliche Aufwendungen	2.480,00
8.	Steuern vom Einkommen und Ertrag	11.210,00
9.	**Ergebnis nach Steuern**	**87.120,00**
10.	Sonstige Steuern	2.100,00
11.	**Jahresüberschuss**	**85.020,00**

AUFGABE 4

Nein. Nach dem **HGB** ist ein Einzelkaufmann **nicht** verpflichtet, seinen Jahresabschluss zu veröffentlichen. Nach dem **Publizitätsgesetz** könnte der Einzelkaufmann verpflichtet werden, seinen Jahresabschluss zu veröffentlichen, wenn zu **drei** aufeinanderfolgenden Bilanzstichtagen mindestens zwei der drei nachstehenden Merkmale erfüllt wären:

- Bilanzsumme von mehr als 65 Mio. €,
- Umsatzerlöse von mehr als 130 Mio. €,
- Beschäftigung von mehr als 5.000 Arbeitnehmern.

Diese Merkmale werden von dem Einzelkaufmann **nicht** erfüllt, sodass für ihn zum 31.12.2021 **keine Offenlegungspflicht** besteht.

AUFGABE 5

Die Kusmanovic **GmbH** ist nach den Größenklassen des § 267 Abs. 1 HGB eine **kleine** Kapitalgesellschaft. Die GmbH muss eine verkürzte Form der Bilanz und des Anhangs offenlegen.

AUFGABE 6

Die Kusmanovic **AG** ist nach den Größenklassen des § 267 Abs. 1 HGB eigentlich eine kleine Kapitalgesellschaft. Da die AG aber wegen ihrer Börsennotierung als **kapitalmarktorientiert** i. S. d. § 264d HGB einzustufen ist, **gilt** sie als **große** Kapitalgesellschaft (§ 267 Abs. 3 HGB).

Sie muss daher eine Bilanz, eine GuV-Rechnung, einen Anhang und einen Lagebericht erstellen und im elektronischen Bundesanzeiger offenlegen.

Lehrbuch 31/32 **3**

AUFGABE 7

Der Vollhafter der KG ist keine natürliche Person, sondern eine GmbH. Deswegen wird die KG wie eine Kapitalgesellschaft behandelt; der Umfang des Jahresabschlusses ergibt sich somit nach den §§ 264 ff. HGB und besteht grds. aus Bilanz, Gewinn- und Verlustrechnung sowie **Anhang**.

Eine Ausnahme besteht lediglich für den Fall, dass die Bretzfelder GmbH & Co. KG die Größenkriterien einer **Kleinstkapitalgesellschaft** erfüllt. In diesem Fall **kann** die Gesellschaft auf die Aufstellung des Anhangs verzichten (§ 264 Abs. 1 i.V.m. § 264a HGB).

AUFGABE 8

Anlage-vermögen	histo-rische AK/HK	Zu-gänge	Ab-gänge	Um-buchungen	Zu-schrei-bungen	Abschrei-bungen gesamt	**Abschrei-bungen 2021**	**Bilanz-wert 31.12. 2021**
		+	-	+/-	+	-	-	
	€	€	€	€	€	€	€	€
Grund-stücke	80.000							80.000
Maschinen		90.000					9.000	9.000	81.000
Betriebs- und Geschäfts-ausstat-tung								
Lkw	100.000						40.000	20.000	60.000
Pkw		50.000					8.330	8.330	41.670

AUFGABE 9

Nach § 319 HGB sind Steuerberater nicht berechtigt, die Abschlussprüfung durchzuführen. Selbst wenn Listig „vereidigter Buchprüfer" wäre, dürfte er nach § 319 Abs. 3 Nr. 3a HGB nicht den Abschluss prüfen.

AUFGABE 10

1. Die A-GmbH ist eine **kleine** Kapitalgesellschaft, weil ihre Bilanzsumme und ihre Umsatzerlöse unter den Grenzen des § 267 Abs. 1 HGB liegen. Als kleine Kapital-gesellschaft ist sie **aufstellungs-** und **offenlegungspflichtig**.

2. Die GmbH & Co. KG **gilt** als **kleine** Kapitalgesellschaft (siehe Kriterien Fall 1). Die Größenklassen sind auch für Personenhandelsgesellschaften ohne natürliche Person als Vollhafter maßgeblich (§ 264a HGB). Antwort wie zu 1.

3. Die B-GmbH ist eine **mittelgroße** Kapitalgesellschaft. Die Bilanzsumme und die Umsatzerlöse liegen über den Grenzen des § 267 Abs. 1 HGB, aber unter denen des § 267 Abs. 2 HGB. Als mittelgroße Kapitalgesellschaft ist sie **aufstellungs-**, **prüfungs-** und **offenlegungspflichtig**.

4. Die C-GmbH ist eine **große** Kapitalgesellschaft, weil die Größenmerkmale die des § 267 Abs. 2 übersteigen. Als große Kapitalgesellschaft ist sie **aufstellungs-**, **prüfungs-** und **offenlegungspflichtig**.

4 | Lehrbuch 32/33

5. Die D-AG gilt als **große** Kapitalgesellschaft. Nach den Größenmerkmalen wäre die AG als mittelgroße Kapitalgesellschaft einzuordnen. Da die Aktien der AG aber zum amtlichen Handel an den deutschen Börsen zugelassen sind, ist die AG eine kapitalmarktorientierte Gesellschaft im Sinne des § 264d HGB und gilt als große Kapitalgesellschaft (§ 267 Abs. 3 Satz 2 HGB). Antwort wie zu 4.

6. Die E-GmbH ist eine **Kleinstkapitalgesellschaft**, weil ihre Bilanzsumme und ihre Umsatzerlöse unter den Grenzen des § 267a HGB liegen. Als kleinste Kapitalgesellschaft ist sie **aufstellungs-** und **offenlegungspflichtig**.

AUFGABE 11

Kapitalgesellschaften	Fristen	
	Aufstellung	Offenlegung
1. A-GmbH	6 Monate	12 Monate
2. GmbH & Co KG	6 Monate	12 Monate
3. B-GmbH	3 Monate	12 Monate
4. C-GmbH	3 Monate	12 Monate
5. D-AG	3 Monate	4 Monate
6. E-GmbH	6 Monate	12 Monate

AUFGABE 12

Zusammenfassung des Vermögens: Verstoß gegen kodifiziertes Recht (§ 247 Abs. 1 HGB).

Reihenfolge auf der Passivseite: Verstoß gegen nicht kodifiziertes Recht (Gewohnheitsrecht); die Bilanz von Nicht-Kapitalgesellschaften soll sich nach § 266 HGB richten.

AUFGABE 13

1. Vollständigkeitsprinzip (§ 246 Abs. 1 HGB)
2. Prinzip der Bilanzidentität (§ 252 Abs. 1 Nr. 1 HGB)
3. Prinzip der Bewertungsstetigkeit (§ 252 Abs. 1 Nr. 6 HGB)
4. Going-Concern-Prinzip (§ 252 Abs. 1 Nr. 2 HGB)
5. Saldierungsverbot (§ 246 Abs. 2 HGB)
6. Prinzip der Periodenabgrenzung (§ 252 Abs. 1 Nr. 5 HGB)

AUFGABE 14

Nein, der Auffassung ist nicht zuzustimmen.

Nach dem Realisationsprinzip dürfen Gewinne erst dann ausgewiesen werden, wenn sie tatsächlich verwirklicht wurden (§ 252 Abs. 1 Nr. 4 HGB); nach der Fallschilderung wäre das erst dann, wenn das Grundstück tatsächlich verkauft worden wäre.

AUFGABE 15

Der § 256a HGB setzt in diesem Fall das Realisationsprinzip außer Kraft. Der Ansatz entspricht zwar dem HGB, ist steuerlich jedoch nicht zulässig.

Wertansätze: HB 125.000 €; StB 120.000 €

3 Abschlussarbeiten und abschlussvorbereitende Buchungen

AUFGABE 1

	Jahresüberschuss laut HGB:	100.000,00 €
	ergebnis**mindernde** steuerrechtliche Unterschiede	
-	Gewinn laut § 256a HGB	- 40.000,00 €
	ergebnis**erhöhende** steuerrechtliche Unterschiede	
+	Rückstellung § 5 Abs. 4a EStG	+ 70.000,00 €
=	**steuerlicher Gewinn**	**130.000,00 €**

Buchung:

Tz.	Sollkonto	Betrag (€)	Habenkonto
1.	**9984** (9984) Korrektur § 60 Abs. 2 EStDV	40.000,00	**9985** (9985) Gegenkonton zu 9984 (9984)
2.	**9985** (9985) Gegenkonto 9984 (9984)	70.000,00	**9984** (9984) Korrektur § 60 Abs. 2 EStDV

AUFGABE 2

	Wert des Warenbestands am Inventurstichtag (01.11.2021)	100.000 €
+	Wert des Wareneingangs (01.11. bis 31.12.2021)	160.000 €
		260.000 €
-	Wareneinsatz (01.11. bis 31.12.2021)	- 180.000 €
=	Wert des Warenbestands am 31.12.2021	**80.000 €**

AUFGABE 3

	Wert des Warenbestands am Inventurstichtag (16.11.2021)		150.000 €
+	Wert des Wareneingangs (16.11. bis 31.12.2021)		85.000 €
			235.000 €
-	Wareneinsatz		
	Verkaufserlös (16.11. bis 31.12.2021)	110.000 €	
	- Rohgewinn (35 % von 110.000 €)	- 38.500 €	- 71.500 €
=	Wert des Warenbestands am 31.12.2021		**163.500 €**

AUFGABE 4

	Wert des Warenbestands am Inventurstichtag (15.02.2022)	200.000 €
-	Wert des Wareneingangs (01.01. bis 15.02.2022)	- 70.000 €
		130.000 €
+	Wareneinsatz (01.01. bis 15.02.2022)	75.000 €
=	Wert des Warenbestands am 31.12.2021	**205.000 €**

6 Lehrbuch 43

AUFGABE 5

$$\text{Rohgewinnsatz} = \frac{(360.000\,€ - 240.000\,€) \times 100}{360.000\,€} = \mathbf{33\,\tfrac{1}{3}\,\%}$$

	Wert des Warenbestands am Inventurstichtag (31.01.2022)	50.000 €
−	Wert des Wareneingangs (01.01. bis 31.01.2022)	− 25.000 €
		25.000 €
+	Wareneinsatz	
	Verkaufserlös (01.01. bis 31.01.2022) 33.000 €	
	− Rohgewinn (33 ⅓ % von 33.000 €) − 11.000 €	22.000 €
=	Wert des Warenbestands am 31.12.2021	**47.000 €**

AUFGABE 6

(c) Erstellung der Einkommensteuererklärung

4 Zeitliche Abgrenzung von Aufwendungen und Erträgen

AUFGABE 1

Tz.	Sollkonto	Betrag (€)	Habenkonto
1. a)	**6520** (4520) Kfz-Versicherung	1.200,00	**1800** (1200) Bank
b)	**1900** (0980) Aktive RA	300,00	**6520** (4520) Kfz-Versicherung
c)	**6520** (4520) Kfz-Versicherung	300,00	**1900** (0980) Aktive RA
2. a)	**6310** (4210) Miete	3.600,00	**1700** (1100) Postbank
b)	**1900** (0980) Aktive RA	1.800,00	**6310** (4210) Miete
c)	**6310** (4210) Miete	1.800,00	**1900** (0980) Aktive RA
3. a)	**7320** (2120) Zinsaufwendungen	720,00	**1800** (1200) Bank
b)	**1900** (0980) Aktive RA	60,00	**7320** (2120) Zinsaufwendungen
c)	**7320** (2120) Zinsaufwendungen	60,00	**1900** (0980) Aktive RA
4. a)	**1800** (1200) Bank	7.610,00	**1230** (1300) Wechsel aLuL
	7340 (2130) Diskontaufwend.	390,00	**1230** (1300) Wechsel aLuL
b)	**1900** (0980) Aktive RA	260,00	**7340** (2130) Diskontaufwend.
c)	**7340** (2130) Diskontaufwend.	260,00	**1900** (0980) Aktive RA

AUFGABE 2

Tz.	Sollkonto	Betrag (€)	Habenkonto
1. a)	**1600** (1000) Kasse	4.500,00	**4860** (2750) Grundstückserträge
b)	**4860** (2750) Grundstückserträge	1.500,00	**3900** (0990) Passive RA
c)	**3900** (0990) Passive RA	1.500,00	**4860** (2750) Grundstückserträge
2. a)	**1800** (1200) Bank	1.987,87	**7100** (2650) Zinserträge **oder**
			— (8650) Erlöse Zinsen
	2150 (1810) Privatsteuern	712,13	**7100** (2650) Zinserträge **oder**
			— (8650) Erlöse Zinsen
b)	**7100** (2650) Zinserträge **oder**	1.350,00	**3900** (0990) Passive RA
	— (8650) Erlöse Zinsen		
c)	**3900** (0990) Passive RA	1.350,00	**7100** (2650) Zinserträge **oder**
			— (8650) Erlöse Zinsen
3. a)	**1800** (1200) Bank	600,00	**7130** (2670) Diskonterträge
b)	**7130** (2670) Diskonterträge	400,00	**3900** (0990) Passive RA
c)	**3900** (0990) Passive RA	400,00	**7130** (2670) Diskonterträge

zu 2a)

	Brutto-Zinsen	2.700,00 €	◄
−	25 % von 2.700 € KapESt	675,00 €	
−	5,5 % von 675 € SolZ	37,13 €	
=	Netto-Zinsen	1.987,87 €	: 73,625 x 100

8 Lehrbuch 61/62

AUFGABE 3

a) Die Miete wurde für die Zeit vom 01.01.2022 bis zum 31.08.2023 abgegrenzt. Das sind 20 Monate, somit muss die monatliche Miete 30.000 € : 20 Monate = 1.500 €/Monat betragen.

b) Die Miete für das Jahr 2022 (12 x 1.500 €) muss erfolgswirksam gebucht werden.

Sollkonto	Betrag (€)	Habenkonto
6310 (4210) Miete	18.000,00	**1900** (0980) Aktive RA

AUFGABE 4

Tz.	Sollkonto	Betrag (€)	Habenkonto
1. a)	**1300** (1500) Sonst. Vermög.	3.000,00	**4860** (2750) Grundstückserträge
b)	**1700** (1100) Postbank	3.000,00	**1300** (1500) Sonst. Vermög.
2. a)	**6310** (4210) Miete	500,00	**3500** (1700) Sonst. Verbindl.
b)	**3500** (1700) Sonst. Verbindl.	500,00	**1800** (1200) Bank
3. a)	**1300** (1500) Sonst. Vermög.	1.500,00	**7100** (2650) Zinserträge
b)	**1800** (1200) Bank	1.104,37	**1300** (1500) Sonst. Vermög.
	2150 (1810) Privatsteuern	395,63	**1300** (1500) Sonst. Vermög.
4. a)	**7310** (2110) Zinsaufw.	800,00	**3500** (1700) Sonst. Verbindl.
b)	**3500** (1700) Sonst. Verb.	800,00	**1800** (1200) Bank
5. a)	**6020** (4120) Gehälter	24.000,00	
		4.124,00	**3730** (1741) Verb. LSt/KiSt
		4.200,00	**3740** (1742) Verb. i.R.d.s.S.
		15.676,00	**3720** (1740) Verb. L/G
	6110 (4130) Gesetz. soz. Aufw.	4.000,00	**3740** (1742) Verb. i.R.d.s.S.
b)	**3730** (1741) Verb. LSt/KiSt	4.124,00	**1800** (1200) Bank
	3740 (1742) Verb. i.R.d.s.S.	8.200,00	**1800** (1200) Bank
	3720 (1740) Verb. L/G	15.676,00	**1800** (1200) Bank

zu 3.

	Brutto-Zinsen	1.500,00 €	
−	25 % von 1.500 € KapESt	375,00 €	
−	5,5 % von 375 € SolZ	20,63 €	
=	Netto-Zinsen	1.104,37 €	: 73,625 x 100

AUFGABE 5

	Sollkonto	Betrag (€)	Habenkonto
a)	**6820** (4940) Zeitschr./Bücher	45,00	
	1401 (1571) VorSt 7%	3,15	
		48,15	**3300** (1600) Verbindl. aLuL
b)	**6820** (4940) Zeitschr./Bücher	45,00	
	1434 (1548) VorSt im Folgejahr abziehbar	3,15	
		48,15	**3500** (1700) Sonst. Verbindl.

Zusammenfassende Erfolgskontrolle

Tz.	Sollkonto	Betrag (€)	Habenkonto
1.	**1140** (3980) Bestand Waren	3.679,00	**5200** (3200) Waren
2.	**6220** (4830) Abschreibungen	3.955,00	**0520** (0320) Pkw
3.	**6220** (4830) Abschreibungen	4.601,00	**0690** (0490) Sonstige BGA
4.	**6264** (4862) Abschr. Sammelp.	71,73	**0675** (0485) WG Sammelposten
5.	**1900** (0980) Aktive RA	263,65	**6500** (4500) Fahrzeugkosten
6.	**2100** (1800) Privatentnahmen **2100** (1800) Privatentnahmen **2100** (1800) Privatentnahmen	1.554,06 295,27 388,52	**4645** (8921) Verwendung von G. **3806** (1776) USt 19 % **4639** (8924) Verwendung von G.
7.	**2100** (1800) Privatentnahmen	360,00	**6805** (4920) Telefon
8.	**6030** (4190) Aushilfslöhne	6.960,00	**3500** (1700) Sonst. Verbindl.
9.	**6040** (4199) LSt für Aushilfen	1.195,38	**3500** (1700) Sonst. Verbindl.
10.	**6310** (4210) Miete	4.000,00	**3500** (1700) Sonst. Verbindl.
11.	**2000** (0800) Eigenkapital	15.450,55	**2100** (1800) Privatentnahmen
12.	**3806** (1776) USt 19 %	13.049,91	**1406** (1576) VorSt 19 %

zu 4. 20 % von 358,64 € = **71,73 €** (§ 6 Abs. 2a EStG)

zu 5. ³/₁₂ von 1.054,60 € = **263,65 €**

zu 6.

	Fahrzeugkosten	2.783,89 €
+	AfA Pkw (Tz. 2)	3.955,00 €
		6.738,89 €
–	Fahrzeugkosten 2022 (Tz. 5)	– 263,65 €
=	Fahrzeugkosten 2021 insgesamt	6.475,24 €
	davon 80 % =	5.180,19 € x 30 % = **1.554,06 €**
	davon 20 % =	1.295,05 € x 30 % = **388,52 €**
	USt: 1.554,06 € x 19 % =	**295,27 €**

zu 11.

	Saldo Privatentnahmen vor Nachbuchungen:	12.852,70 €
+	Privatentnahmen gemäß Nachbuchung 6.	2.237,85 €
+	Privatentnahmen gemäß Nachbuchung 7.	360,00 €
=	Saldo Privatentnahmen	**15.450,55 €**

Lehrbuch 63/64

Konto-Nr. SKR 04	Umbuchungen S	Umbuchungen H	Saldenbilanz II S/H	Schlussbilanz A	Schlussbilanz P	GuV-Rechnung A	GuV-Rechnung E
0520		3.955,00	9.231,00 S	9.231,00			
0675		71,73	286,91 S	286,91			
0690		4.601,00	30.287,00 S	30.287,00			
1140	3.679,00		49.622,83 S	49.622,83			
1300							
1406		13.049,91					
1600			11.951,05 S	11.951,05			
1800			8.929,81 H		8.929,81		
1900	263,65		263,65 S	263,65			
2000	15.450,55		13.976,99 S	13.976,99			
2100	2.597,85	15.450,55					
3160			80.661,40 H		80.661,40		
3300			4.039,65 H		4.039,65		
3500		12.155,38	12.155,38 H		12.155,38		
3806	13.049,91	295,27	2.117,53 H		2.117,53		
4200			126.741,63 H				126.741,63
4639		388,52	388,52 H				388,52
4645		1.554,06	1.554,06 H				1.554,06
5200		3.679,00	78.274,96 S			78.274,96	
6030	6.960,00		6.960,00 S			6.960,00	
6040	1.195,38		1.195,38 S			1.195,38	
6220	4.601,00		4.601,00 S			4.601,00	
6222	3.955,00		3.955,00 S			3.955,00	
6264	73,73		71,73 S			71,73	
6300			2.831,48 S			2.831,48	
6305			4.180,01 S			4.180,01	
6310	4.000,00		4.000,00 S			4.000,00	
6400			1.775,90 S			1.775,90	
6500		263,65	2.520,24 S			2.520,24	
6600			980,22 S			980,22	
6800			423,00 S			423,00	
6805		360,00	299,50 S			299,50	
6815			468,89 S			468,89	
6827			914,26 S			914,26	
7310			3.451,61 S			3.451,61	
7320			4.065,37 S			4.065,37	
	55.824,07	55.824,07	236.587,98 S	115.619,43	107.903,77	120.968,55	128.684,21
			236.587,98 H	**Gewinn**	**7.715,66**	**7.715,66**	
				115.619,43	115.619,43	128.684,21	128.684,21

Der Gewinn 2021 beträgt **7.715,66 €**.

5 Grundlagen der Bilanzierung

AUFGABE 1

Die Abfindung ist ein (immaterieller) Vermögensgegenstand, weil ein wirtschaftlicher Wert (keine Konkurrenz) vorhanden ist, die selbständige Bewertbarkeit (Anschaffungskosten 240.000 €) möglich ist und die selbständige Verkehrsfähigkeit (einzeln veräußerbar) gegeben ist. Deswegen muss die „Abfindung" im Anlagevermögen der GmbH aktiviert und über die Nutzungsdauer (Dauer der Konkurrenzklausel) von 2 Jahren abgeschrieben werden.

AUFGABE 2

zu 1.

	Gewerbeertrag	120.000 €
x	Steuermesszahl 3,5 %	
=	Steuermessbetrag (3,5 % von 120.000 €)	4.200 €
x	Hebesatz 420 %	
=	Gewerbesteuer (420 % von 4.200 €)	17.640 €
-	GewSt-Vorauszahlungen	- 14.000 €
=	**Gewerbesteuerrückstellung 2021**	**3.640 €**

zu 2.

Die Rückstellung muss in der Handelsbilanz als ungewisse Verbindlichkeit gemäß § 249 HGB gebildet werden. Damit mindert sie den handelsrechtlichen Jahresüberschuss.
Die Gewerbesteuerrückstellung wird auf das Konto „3035 (0956) Gewerbesteuerrückstellung, § 4 Abs. 5b EStG" gebucht und ist in der Steuerbilanz auszuweisen.
Steuerrechtlich ist die GewSt keine Betriebsausgabe (§ 4 Abs. 5b EStG). Der Gewerbesteueraufwand muss dem Gewinn steuerrechtlich außerbilanziell hinzugerechnet werden (R 5.7 Abs. 1 Satz 2 EStR 2012).

AUFGABE 3

Am Bilanzstichtag liegt ein schwebendes Geschäft vor (Zeit zwischen Verpflichtungs- und Erfüllungsgeschäft) aus dem der Tax GmbH ein Verlust droht. Nach § 249 HGB ist eine **Rückstellung** für drohende Verluste aus schwebenden Geschäften zu bilden:
Selbstkosten 230.000 € – Verkaufspreis 200.000 € = Verlust **30.000 €.**
Steuerrechtlich ist die Rückstellung **nicht** zulässig (§ 5 Abs. 4a EStG).
Das Ergebnis in der Handelsbilanz ist damit um 30.000 € niedriger als in der Steuerbilanz.

AUFGABE 4

Es ist eine Verbindlichkeitsrückstellung für „Urlaubsverpflichtungen" zu bilden, da der Arbeitnehmer im abgelaufenen Geschäftsjahr Leistungen erbracht hat, die ihm im neuen Jahr bei Inanspruchnahme des Urlaubs abgegolten werden (H 6.11 EStH 2012). Bei der Ermittlung der Höhe der Rückstellungen bleiben das Weihnachtsgeld und die Tantieme außer Betracht:

(5.000 € + 1.000 €) x 12 Monate = 72.000 € : 200 Arbeitstage x 15 Urlaubstage **5.400 €** (= Rückstellung).

Der Bilanzansatz in der Handelsbilanz ist gleich dem in der Steuerbilanz.

12 Lehrbuch 88/89

AUFGABE 5

Kaufpreis		50.000 €
+ Anschaffungsnebenkosten		
Grunderwerbsteuer (5 % von 50.000 €)	2.500 €	
Notariatsgebühren	1.000 €	
Grundbuchgebühren	650 €	4.150 €
= Anschaffungskosten des Grundstücks		**54.150 €**

Die **Geldbeschaffungskosten** in Höhe von 4.400 € gehören **nicht** zu den **AK** des Grundstücks.

AUFGABE 6

	Kaufpreis	+	ANK	=	AK
Grund und Boden	75.000 €	+	3.750 €	=	**78.750 €**
Gebäude	225.000 €	+	11.250 €	=	**236.250 €**
	300.000 €	+	15.000 €	=	315.000 €

Die Anschaffungskosten des Grund und Bodens betragen 78.750 € und die Anschaffungskosten des Gebäudes 236.250 €, sodass die Anschaffungskosten des bebauten Grundstücks insgesamt 315.000 € betragen.

AUFGABE 7

Kaufpreis		20.000 €
+ Anschaffungsnebenkosten		
Transportkosten	500 €	
Transportversicherung	250 €	
Montagekosten	760 €	1.510 €
− Anschaffungspreisminderung		
Skonto (2 % von 20.000 €)		− 400 €
= Anschaffungskosten der Maschine		**21.110 €**

AUFGABE 8

Die Anschaffungskosten des Pkws betragen	20.020 €
(20.000 € + 20 €)	

Lehrbuch 89/90

AUFGABE 9

Die Lösung entspricht sowohl dem HGB als auch dem EStG:

Materialeinzelkosten	400 €	
Materialgemeinkosten	80 €	
Materialkosten		480 €
Fertigungseinzelkosten	800 €	
Fertigungsgemeinkosten	960 €	
Fertigungskosten		1.760 €
= **Herstellungskosten** des Erzeugnisses		**2.240 €**

AUFGABE 10

Maurerarbeiten	100.000 €
Schreinerarbeiten	20.000 €
Schlosserarbeiten	10.000 €
Elektrikerarbeiten	30.000 €
Gipserarbeiten	15.000 €
Dachdeckerarbeiten	25.000 €
Anstreicherarbeiten	12.000 €
sonstige Bauhandwerkerarbeiten	18.000 €
Architektenhonorar	20.000 €
Anschlusskosten für Strom und Wasser	12.000 €
Kanalanschlusskosten	8.000 €
= **Herstellungskosten** des Gebäudes	**270.000 €**

Die Kanalanschluss**gebühren** von 6.000 € und der Erschließungs**beitrag** von 15.000 € gehören zu den **AK des Grund und Bodens** (H 6.4 EStH).

AUFGABE 11

zu 1:

Es ist eine Verbindlichkeitsrückstellung für Rückbauverpflichtungen zu bilden. Dabei ist der Erfüllungsbetrag auf die einzelnen Jahre des Pachtvertrags zu verteilen. Da die Restlaufzeit der Rückstellung am 31.12.2021 größer als ein Jahr ist, ist der auf das Jahr 2021 entfallende Betrag in Höhe von 8.000 € (80.000 €/10 Jahre) mit dem Barwert anzusetzen. Es ist daher **handelsrechtlich** eine Rückstellung in Höhe von **5.621 €** (8.000 € x 0,7026) zu bilden.

zu 2.:

Auch steuerrechtlich ist aufgrund des Maßgeblichkeitsgrundsatzes (§ 5 Abs. 1 EStG) eine Rückstellung zu bilden. Die Abzinsung erfolgt allerdings mit 5,5%, sodass der in der **Steuerbilanz** zu passivierende Wert **4.941 €** (8.000 € x 0,6176) beträgt.

AUFGABE 12

Der (niedrigere) **Marktwert/Teilwert** der Waren beträgt **750 €**.

14 Lehrbuch 90

AUFGABE 13

Der (höhere) **Marktwert/Teilwert** der Waren beträgt **950 €**.
Mit diesem Wert dürfen die Waren jedoch **nicht** bewertet werden (Realisationsprinzip),
siehe Lehrbuch Seite 27. Der Wertansatz beträgt somit 900 €.

AUFGABE 14

Die außerplanmäßige Abschreibung ist nach § 253 Abs. 3 Satz 6 HGB zulässig (Wahlrecht).
Steuerlich ist eine Abschreibung nur zulässig, wenn die Wertminderung von Dauer ist
(§ 6 Abs. 1 Nr. 2 EStG). Da die Wertabweichung weniger als 5 % (Bagatellgrenze) war, ist
steuerlich **nicht** von einer dauernden Wertminderung auszugehen. Die außerplanmäßige
Abschreibung ist daher in der Steuerbilanz nicht zulässig und für Zwecke der steuerlichen
Gewinnermittlung rückgängig zu machen.

	Jahresüberschuss	150.000,00 €
+	außerplanmäßige Abschreibung	+ 13.000,00 €
=	**steuerlicher Gewinn**	**163.000,00 €**

6 Bilanzierung des Anlagevermögens

6.1 Bilanzierung des abnutzbaren Anlagevermögens

AUFGABE 1

a)
	Wert der übernommenen Vermögensgegenstände	2.170.000 €
−	Wert der übernommenen Schulden	− 1.840.000 €
=	Betriebsvermögen	330.000 €
	Kaufpreis	450.000 €
−	Betriebsvermögen	− 330.000 €
=	**derivativer Firmenwert**	**120.000 €**

b) Nach dem HGB **muss** ein entgeltlich erworbener Firmenwert aktiviert und planmäßig abgeschrieben werden (§ 246 Abs. 1 HGB); im Anhang ist die voraussichtliche Nutzungsdauer von 5 Jahren anzugeben und zu erläutern (§ 285 Nr. 13 HGB).

c) Der **derivative Firmenwert ist** in der Steuerbilanz zum 31.12.2021 zu aktivieren und innerhalb von **15 Jahren** abzuschreiben (Aktivierungs**gebot**).

d) Buchwertentwicklung siehe Tabelle:

Jahr	Buchwert HB €	Buchwert StB €	Unterschied aktuelles Jahr €	Unterschied Vorjahr €	Gewinn- korrektur €
AK 2021	120.000	120.000			
Abschr. 2021	24.000	8.000			
Buchwert 2021	96.000	112.000	+ 16.000	0	+ 16.000
Abschr. 2022	24.000	8.000			
Buchwert 2022	72.000	104.000	+ 32.000	16.000	+ 16.000
Abschr. 2023	24.000	8.000			
Buchwert 2023	48.000	96.000	+ 48.000	32.000	+ 16.000
Abschr. 2024	24.000	8.000			
Buchwert 2024	24.000	88.000	+ 64.000	48.000	+ 16.000
Abschr. 2025	24.000	8.000			
Buchwert 2025	0	80.000	+ 80.000	64.000	+ 16.000
Abschr. 2026	0	8.000			
Buchwert 2026	0	72.000	+ 72.000	80.000	− 8.000
Abschr. 2027	0	8.000			
Buchwert 2027	0	64.000	+ 64.000	72.000	− 8.000
Abschr. 2028	0	8.000			
Buchwert 2028	0	56.000	+ 56.000	64.000	− 8.000

Jahr	Buchwert HB €	Buchwert StB €	Unterschied aktuelles Jahr €	Unterschied Vorjahr €	Gewinn-korrektur €
Buchwert 2028	0	56.000	+ 56.000	64.000	– 8.000
Abschr. 2029	0	8.000			
Buchwert 2029	0	48.000	+ 48.000	56.000	– 8.000
Abschr. 2030	0	8.000			
Buchwert 2030	0	40.000	+ 40.000	48.000	– 8.000
Abschr. 2031	0	8.000			
Buchwert 2031	0	32.000	+ 32.000	40.000	– 8.000
Abschr. 2032	0	8.000			
Buchwert 2032	0	24.000	+ 24.000	32.000	– 8.000
Abschr. 2033	0	8.000			
Buchwert 2033	0	16.000	+ 16.000	24.000	– 8.000
Abschr. 2034	0	8.000			
Buchwert 2034	0	8.000	+ 8.000	16.000	– 8.000
Abschr. 2035	0	8.000			
Buchwert 2035	0	0	0	8.000	– 8.000

e) Buchung:

Sollkonto	Betrag (€)	Habenkonto
0150 (0035) Firmenwert	120.000,00	**1800** (1200) Bank
6205 (4824) Abschr. auf Firmenwert	24.000,00*	**0150** (0035) Firmenwert

    * 120.000 € : 5 Jahre ND = 24.000 €

    Da steuerlich nur eine Abschreibung in Höhe von 8.000 € (6⅔ % von 120.000 €) angesetzt werden darf, weicht das handelsrechtliche Ergebnis vom steuerrechtlichen um 16.000 € (24.000 € – 8.000 €) ab.

A U F G A B E 2

Es handelt sich hier um einen sog. **originären Firmenwert**. Er **darf weder handels- noch steuerrechtlich aktiviert werden** (§ 248 Abs. 2 HGB).

A U F G A B E 3

a) Handelsrecht:
Die **lineare** Abschreibung beträgt für 2021 **6.708 €** (460.000 € : 40 Jahre = 11.500 € für **7 Monate** = 11.500 € x 7/12 = 6.708 €). Für 2022 beträgt die Abschreibung 11.500 €

b) Steuerrecht:
Die **lineare** Abschreibung beträgt für 2021 **8.050 €** (460.000 € x 3 % = 13.800 € für **7 Monate** = 13.800 € x 7/12 = 8.050 €). Für 2022 beträgt die Abschreibung 13.800 €.
Steuerrechtlich handelt es sich um ein **Wirtschaftsgebäude.**

Lehrbuch 129/130

AUFGABE 4

Die **lineare** Abschreibung für 2021 beträgt für folgende bewegliche Anlagegüter:

Anlagegut	Anschaffungs-monat/-jahr	AK (€)	Nutzungs-dauer	Abschreibung 2021
Pkw Mercedes	09/2020	38.000	5 Jahre	**7.600€**
Lkw-Anhänger	02/2021	48.000	6 Jahre	**7.333€**
VW-Kombi	08/2021	18.000	4 Jahre	**1.875€**
Gabelstapler	12/2021	12.000	5 Jahre	**200€**
Kompressor	10/2017	5.800	5 Jahre	**1.160€**

AUFGABE 5

Der **lineare** Abschreibungsbetrag 2021 beträgt **4.167€**
(25 % von 20.000 € = 5.000 € x $^{10}/_{12}$ = 4.166,67 €)

AUFGABE 6

Anlagegut	linearer AfA-Satz	lin. AfA-Betrag des 1. Jahres (€)	degressiver AfA-Satz	degr. AfA-Betrag des 1. Jahres (€)
A	20 %	4.000	25,00 %	5.000
B	25 %	1.667* ($^8/_{12}$)	25,00 %	1.667* ($^8/_{12}$)
C	8 ⅓ %	389* ($^7/_{12}$)	20,83 %	972* ($^7/_{12}$)
D	5 %	209* ($^1/_{12}$)	12,50 %	521* ($^1/_{12}$)
E	10 %	480	25,00 %	1.200

* aufgerundet

AUFGABE 7

Die leistungsabhängige Abschreibung für 2021 beträgt **23.334€**
(120.000 € x 29.167 km : 150.000 km = 23.333,60 €)

AUFGABE 8

Sollkonto	Betrag (€)	Habenkonto
6222 (4832) Abschreibungen	6.000,00	**0520** (0320) Pkw
6220 (4830) Abschreibungen	8.000,00	**0440** (0210) Maschinen
6220 (4830) Abschreibungen	12.000,00	**0420** (0240) Maschinelle Anlagen
6222 (4832) Abschreibungen	22.000,00	**0540** (0350) Lkw
6221 (4831) Abschreibungen	10.000,00	**0360** (0140) Wohnbauten

Lehrbuch 130/131

AUFGABE 9

zu 1.

Kaufpreis netto	1.640,00 €
− 3 % Skonto	− 49,20 €
= AK	1.590,80 €

Die AK je Büroschrank betragen somit **795,40 €** (1.590,80 € : 2). Für Thon besteht daher ein Wahlrecht, die Büroschränke als **GWG** sofort abzuschreiben, sie über ihre Nutzungsdauer von 10 Jahren abzuschreiben oder sie in einen Sammelposten einzustellen.

Den steuerrechtlich geringsten Gewinn erreicht er bei der sofortigen Abschreibung als GWG. Handelsrechtlich kann ebenfalls eine sofortige Vollabschreibung als GWG vorgenommen werden.

zu 2.

Tz.	Sollkonto	Betrag (€)	Habenkonto
2.	**3300** (1600) Verbindlich. aLuL	49,20	**0650** (0420) Büroeinrichtung
	3300 (1600) Verbindlich. aLuL	9,35	**1406** (1576) Vorsteuer 19 %
	3300 (1600) Verbindlich. aLuL	1.893,05	**1800** (1200) Bank
	6260 (4855) Sofortabschr. GWG	1.590,80	**0650** (0420) Büroeinrichtung

AUFGABE 10

	urspr. Bruttopreis (119 %)	1.140,00 €
−	USt (19 %)	− 182,02 €
=	urspr. Nettopreis (Listeneinkaufspreis; 100 %)	957,98 €
−	Rabatt (15 %)	− 143,70 €
=	verbleiben (Zieleinkaufspreis)	814,28 €
−	Skonto (2 % von 814,28)	− 16,28 €
=	Anschaffungskosten (Bareinkaufspreis; 98 %)	**798,00 €**

Die Anschaffungskosten betragen **798,00 €**, d.h., es liegt ein GWG i.S.d. § 6 Abs. 2 EStG vor. Wirtschaftsgüter mit AK/HK bis 800 Euro können im Jahr der Anschaffung in voller Höhe abgeschrieben werden.

Es erfolgt daher kein Bilanzansatz für die Registrierkasse in Handels- und Steuerbilanz.

AUFGABE 11

zu 1.

Grundsatz der Einzelbewertung (§ 252 Abs. 1 Nr. 3 HGB): Der Preisnachlass ist nur dem beschädigten Stuhl zuzurechnen.

AK Stuhl 1 = 1.100 €, AK Stuhl 2 = 900 € (1.100 € − 200 €)

Stuhl 1 ist über die betriebsgewöhnliche Nutzungsdauer abzuschreiben.

Stuhl 2 kann in den Sammelposten aufgenommen werden, der über 5 Jahre abgeschrieben wird.

Korrekturbuchungssatz:

Sollkonto	Betrag (€)	Habenkonto
0675 (0485) WG Sammelposten	900,00	**0650** (0420) Büroeinrichtung

zu 2.

Abschlussbuchungssatz:

Sollkonto	Betrag (€)	Habenkonto
6264 (4862) Abschr. Sammelposten	180,00*	0675 (0485) WG Sammelposten
6220 (4830) Abschreibungen	55,00*	0650 (0420) Büroeinrichtung

* Abschreibungen: AK 900 € (1.100 € − 200 €) x 20 % = 180,00 €
  AK 1.100 € x 10 % (linear) x 6/12 = 55,00 €

AUFGABE 12

zu 1.:

	Kaufpreis	Anschaffungsnebenkosten	Anschaffungskosten
Grund und Boden	100.000 €	10.170 €	110.170 €
Gebäude	300.000 €	30.510 €	**330.510 €**
	400.000 €	40.680 €*	440.680 €

* (20.000 € GrESt + 7.650 € + 1.030 € + 12.000 € = 40.680 €)

zu 2.:   3 % von 330.510 € = 9.915,30 € x 7/12 = **5.783,93 €**

AUFGABE 13

Tz.	Sollkonto	Betrag (€)	Habenkonto
1.	6221 (4831) Abschreibungen	5.783,93	0250 (0100) Fabrikbauten

AUFGABE 14

zu 1.

2 % von 190.000 € für 6 Monate = **1.900 €**

Gebäude, bei denen der Bauantrag **nicht** nach dem 31.03.1985 gestellt worden ist, sind **keine** Wirtschaftsgebäude (§ 7 Abs. 4 Nr. 1 EStG). Folglich dürfen sie auch nicht als Wirtschaftsgebäude mit 3 % abgeschrieben werden.

zu 2.

Sollkonto	Betrag (€)	Habenkonto
6221 (4831) Abschreibungen	1.900,00	0250 (0100) Fabrikbauten

AUFGABE 15

zu 1.

2,5 % von 265.000 € (250.000 € + 15.000 €) für 3 Monate = **1.656,25 €**

zu 2.

Sollkonto	Betrag (€)	Habenkonto
0235 (0085) Bebaute Grundstücke	3.000,00	6350 (2350) Grundstücksaufw.
0250 (0100) Fabrikbauten	15.000,00	6350 (2350) Grundstücksaufw.
6221 (4831) Abschreibungen	1.656,25	0250 (0100) Fabrikbauten

20 Lehrbuch 132

AUFGABE 16

zu 1.

10 % von 30.000 € = **3.000 €**
Die Hofbefestigung darf nur **linear** abgeschrieben werden (R 7.1 Abs. 1 Nr. 3 EStR 2012).

zu 2.

Sollkonto	Betrag (€)	Habenkonto
6220 (4830) Abschreibungen	3.000,00	**0285** (0112) Hofbefestigung

AUFGABE 17

zu 1.

38.080 € brutto : 1,19 = **32.000 €** netto = Anschaffungskosten
Der Investitionsabzugsbetrag beträgt in 2021 **16.000 €** (50 % von 32.000 €).

zu 2.

Buchungssätze in 2024:

Tz.	Sollkonto	Betrag (€)	Habenkonto
1.	**0440** (0210) Maschinen	30.000,00	**3300** (1600) Verbindlich. aLuL
	1406 (1576) Vorsteuer 19 %	5.700,00	**3300** (1600) Verbindlich. aLuL
2.	**6244** (4854) Kürzung AK/HK	15.000,00	**0440** (0210) Maschinen
3.	**6220** (4830) Abschreibungen	1.500,00	**0440** (0210) Maschinen

zu 2. und 3.

	AK in 2024	30.000,00 €	(35.700 € : 1,19)
−	Investitionsabzugsbetrag § 7g Abs. 2 Satz 3	− 15.000,00 €	(50 % von 30.000 €)
=	AfA-Bemessungsgrundlage	15.000,00 €	
	10 % von 15.000 € =	**1.500,00 €**	

In 2021 ist ein Investitionsabzugsbetrag von **16.000 €** (50 % von 32.000 €) gewinnmindernd außerbilanziell in Anspruch genommen worden.

In 2024 ist ein Investitionsabzugsbetrag von **15.000 €** (50 % von 30.000 €) dem Gewinn außerbilanziell hinzuzurechnen.

Außerdem kann eine gewinnmindernde **Kürzung** der Anschaffungskosten der Maschine in Höhe von **15.000 €** erfolgen (§ 7g Abs. 2 Satz 3 EStG). In diesem Falle ist auch die AfA-Bemessungsgrundlage um 15.000 € zu kürzen. In Höhe der **Differenz** zwischen dem ursprünglich geplanten Investitionsabzugsbetrag (16.000 €) und dem tatsächlichen Investitionsabzugsbetrag (15.000 €) ist der Gewinn rückwirkend im Steuerbescheid 2021 um **1.000 €** (16.000 € − 15.000 €) zu erhöhen.

Ein eventuell entstehender Nachzahlungsbetrag ist gemäß § 233a AO zu verzinsen.

Lehrbuch 132/133

AUFGABE 18

zu 1.

Der in 2020 gewinnmindernd (außerbilanziell) in Anspruch genommene Investitionsabzugsbetrag i.H.v. **80.000 €** wird in 2021 wieder gewinnerhöhend (außerbilanziell) hinzugerechnet (§ 7g Abs. 2 Satz 1 EStG).

zu 2. und 3.

	AK in 2021	220.000 €	
-	Investitionsabzugsbetrag	0 €	
=	AfA-Bemessungsgrundlage	220.000 €	
-	lineare AfA	**- 18.332 €**	(11,11 % v. 220.000 € x $^9/_{12}$)
-	Sonder-AfA	**- 44.000 €**	(20 % von 220.000 €)
=	Restwert 31.12.2021	157.668 €	

zu 4.

Tz.	Sollkonto	Betrag (€)	Habenkonto
1.	**0540** (0350) Lkw **1406** (1576) Vorsteuer 19 %	220.000 41.800	**3300** (1600) Verbindlich. aLuL **3300** (1600) Verbindlich. aLuL
2.	**6220** (4830) Abschreibungen	18.332	**0540** (0350) Lkw
3.	**6242** (4852) Sonderabschr.	44.000	**0540** (0350) Lkw

AUFGABE 19

zu 1.

	Anschaffungskosten 2018	400.000 €
-	planmäßige Abschreibung 2018 (12,5 % von 400.000 €)	- 50.000 €
=	Buchwert 31.12.2018	350.000 €
-	planmäßige Abschreibung 2019 (12,5 % von 400.000 €)	- 50.000 €
-	außerplanmäßige Abschreibung 2019	- 200.000 €
=	Buchwert 31.12.2019 (= beizulegender Wert)	100.000 €
-	planmäßige Abschreibung 2020 (100.000 € : 6 Jahre)	- 16.667 €
=	Buchwert 31.12.2020	83.333 €
-	**planmäßige Abschreibung 2021**	**- 16.667 €**
+	**Zuschreibung 2021**	**+ 133.334 €**
=	Buchwert 31.12.2021	200.000 €

Die Zuschreibung in 2021 erfolgt bis zur Höhe der fortgeführten AK/HK, die sich ohne außerplanmäßige Abschreibung ergeben hätten (400.000 € – 4 x 50.0000 € = 200.000 €).

zu 2.

Sollkonto	Betrag (€)	Habenkonto
0440 (0210) Maschinen	133.334,00	**4910** (2710) Erträge aus Zuschreibungen
6220 (4830) Abschreibungen	16.667,00	**0440** (0210) Maschinen

Lehrbuch 133

zu 3.

Die Maschine ist mit **200.000 €** zum 31.12.2021 in der Handels- und Steuerbilanz anzusetzen (§ 253 Abs. 5 HGB, § 5 Abs. 1 Satz 1 EStG).

AUFGABE 20

zu 1.

Nach dem BMF-Schreiben liegt bei einem abnutzbaren Wirtschaftsgut des Anlagevermögens dann eine dauerhafte Wertminderung vor, wenn der Teilwert des Wirtschaftsguts zum Bilanzstichtag mindestens für die halbe Restnutzungsdauer unter dem planmäßigen Buchwert liegt:

Buchwert am 31.12.2021	192.000 €
Restnutzungsdauer	8 Jahre
Planmäßiger Buchwert nach 4 Jahren	96.000 €
Teilwert am 31.12.2021	80.000 €
⇒ 80.000 € < 96.000 €	⇒ dauerhafte Wertminderung

zu 2.

	Buchwert am 31.12.2020	216.000,00 €
−	planmäßige Abschreibung 2021 (288.000 € : 12)	− 24.000,00 €
=	Buchwert 31.12.2021	192.000,00 €
−	außerplanmäßige Abschreibung 2021	− 112.000,00 €
=	**Bilanzansatz 31.12.2021**	**80.000,00 €**
−	Abschreibung 2022 (80.000 € : RND 8 Jahre)	− 10.000,00 €
=	**Bilanzansatz 31.12.2022**	**70.000,00 €**

AUFGABE 21

Die Abschreibung für steuerliche Zwecke beträgt zwingend 3 % (§ 7 Abs. 4 Nr. 1 EStG):

3 % von 240.000 = 7.200 €

	Abschreibung lt. HGB	4.800,00 €
−	Abschreibung lt. EStG	− 7.200,00 €
=	Unterschiedsbetrag	2.400,00 €
	Jahresüberschuss	120.000,00 €
−	Korrektur gemäß § 60 Abs. 2 EStDV	− 2.400,00 €
=	**Steuerlicher Gewinn**	**117.600,00 €**

Lehrbuch 133/134/135/136

AUFGABE 22

Für steuerliche Zwecke ist eine degressive Abschreibung der im VZ 2021 angeschafften oder hergestellten Wirtschaftsgüter bis zum 2,5-fachen der linearen AfA, maximal aber bis 25 % zulässig. Der degressive Abschreibungssatz für steuerliche Zwecke beträgt daher 25 %.

	Abschreibung lt. HGB 30 % von 240.000 €	72.000,00 €
−	Abschreibung lt. EStG 25 % von 240.000 €	− 60.000,00 €
=	**Korrektur gemäß § 60 EStDV**	**+ 12.000,00 €**

Zusammenfassende Erfolgskontrolle

Tz.	Sollkonto	Betrag (€)	Habenkonto
1.	**0235** (0085) Bebaute Grundst.	125.200,00	
		99.200,00	**0240** (0090) Geschäftsbauten
		26.000,00	**6350** (2350) Grundstücksaufw.
2.	**0240** (0090) Geschäftsbauten	180.000,00	**6350** (2350) Grundstücksaufw.
3.	**6644** (4654) Nicht abzugsf. BA	600,00	**6640** (4650) Bewirtungskosten
	1406 (1576) Vorsteuer 19 %	266,00	**6640** (4650) Bewirtungskosten
	6644 (4654) Nicht abzugsf. BA	420,00	**6640** (4650) Bewirtungskosten
	6644 (4654) Nicht abzugsf. BA	114,00	**6640** (4650) Bewirtungskosten
4.	**2100** (1800) Privatentnahmen	6.780,00	**4645** (8921) Verwendung von G.
	2100 (1800) Privatentnahmen	1.288,20	**3806** (1776) USt 19 %
	2100 (1800) Privatentnahmen	900,00	**4639** (8924) Unentgelt. Zuw.
5.	**3035** (0956) Gewerbesteuerr.	10.834,00	**7610** (4320) Gewerbesteuer
	3035 (0956) Gewerbesteuerr.	420,00	**7643** (2283) Erträge aus der Aufl.
	7610 (4320) Gewerbesteuer	9.500,00	**3035** (0956) Gewerbesteuerr.
6a)	**6221** (4831) Abschreibungen	3.404,00	**0240** (0090) Geschäftsbauten
b)	**6220** (4830) Abschreibungen	6.299,00	**0690** (0490) Sonstige BGA
c)	**6220** (4830) Abschreibungen	15.700,00	**0690** (0490) Sonstige BGA
7.	**2000** (0800) Eigenkapital	92.968,20	**2100** (1800) Privatentnahmen
8.	**3806** (1776) USt 19 %	38.466,00	**1406** (1576) Vorsteuer 19 %
9.	**5200** (3200) Wareneingang	35.000,00	**1140** (3980) Bestand Waren

<u>zu 1.</u>

	Kaufpreis	+	ANK	=	AK
Grund und Boden	120.000 €	+	5.200 €	=	**125.200 €**
Gebäude	480.000 €	+	20.800 €	=	**500.800 €**
	600.000 €	+	26.000 €	=	626.000 €

Durch die obige Buchung (Tz. 1) ergibt sich auf dem Konto **0235** (0085) ein Saldo von **125.200 €** und auf dem Konto **0240** (0090) ein Saldo von **500.800 €**.

zu 2.
Aufwendungen für Umbauten und Erweiterungen fallen unter die Herstellungskosten und sind zu aktivieren (§ 255 Abs. 2 Satz 1 HGB, § 6 Abs. 1 Nr. 1a EStG, R 21 EStR 2012).

zu 3.

Bewirtungskosten insgesamt, netto (2.380 € : 1,19)	2.000 €
− unangemessene Bewirtungskosten, netto	− 600 €
= angemessene Bewirtungskosten	1.400 €
nicht abzugsfähige Bewirtungskosten (30 % von 1.400 €)	420 €
abzugsfähige Bewirtungskosten (70 % von 1.400 €)	980 €
abzugsfähige Vorsteuer (19 % von 1.400 €)	266 €
nicht abzugsfähige Vorsteuer (19 % von 600 €)	114 €

Der **steuerrechtliche** Gewinn erhöht sich um **1.134 €** (600 € + 420 € + 114 €).

 Die buchmäßige Darstellung der Bewirtungskosten erfolgt in der **Buchführung 1**, 33. Auflage 2021, Seiten 375 ff.

zu 4.
Abschreibung wird **keine** angesetzt, weil keine angefallen ist.
Der Pkw wurde **geleast**.

Kosten **mit** Vorsteuer:	30 % von 22.600 € =	**6.780,00 €**
Kosten **ohne** Vorsteuer:	30 % von 3.000 € =	**900,00 €**
USt:	6.780 € x 19 % =	**1.288,20 €**

zu 5.
Die **Gewerbesteuer** ist nach § 4 Abs. 5b EStG **keine Betriebsausgabe**, deshalb erhöht sie den **steuerrechtlichen** Gewinn um **9.920 €** (9.500 € + 420 €) (siehe Kapitel 9 „Rückstellungen", Seiten 198 ff.).

zu 6.

a)	AK	500.800 €
	+ Umbau- und Erweiterungskosten	180.000 €
	Bemessungsgrundlage	680.800 €
	3 % von 680.800 € = 20.424 € x 2/12 =	**3.404 €**
b)	AK 2020	8.400 €
	− degressive AfA 1. Jahr (25 % von 8.400 €) −	2.100 €
	= Restbuchwert 31.12.2020	6.300 €
	− vollumfängliche Abschreibung auf Erinnerungswert −	**6.299 €**
	Restbuchwert 31.12.2021	1 €
c)	Abschreibungen 2021 (6.299 + 15.700)	21.999 €

Konto-Nr. SKR 04	Umbuchungen S	H	Saldenbilanz II S/H	Schlussbilanz A	P	GuV-Rechnung S	H
0235	125.200,00		125.200,00 S	125.200			
0240	180.000,00	102.604,00	677.396,00 S	677.396			
0690		21.999,00	108.001,00 S	108.001			
1140		35.000,00	90.000,00 S	90.000			
1200			589.200,00 S	589.200			
1406	266,00	38.466,00					
1600			1.940,00 S	1.940			
1800			20.375,00 S	20.375			
1900							
2000	92.968,20		606.965,80 H		606.965,80		
2100	8.968,20	92.968,20					
3030							
3035	11.254,00	9.500,00	9.500,00 H		9.500,00		
3070							
3160			169.500,00 H		169.500,00		
3300			541.730,00 H		541.730,00		
3500			103.910,00 H		103.910,00		
3806	38.466,00	1.288,20	20.502,20 H		20.502,20		
4200			1.456.950,00 H				1.456.950
4639		900,00	900,00 H				900
4645		6.780,00	6.780,00 H				6.780
4660							
5200	35.000,00		818.700,00 S			818.700	
6000			386.370,00 S			386.370	
6220	21.999,00		21.999,00 S			21.999	
6221	3.404,00		3.404,00 S			3.404	
6350		206.000,00	8.760,00 S			8.760	
6500			25.600,00 S			25.600	
6640		1.400,00	980,00 S			980	
6644	1.134,00		1.134,00 S			**1.134**	
6825			7.180,00 S			7.180	
6855			1.800,00 S			1.800	
7100			320,00 H				320
7320			11.287,00 S			11.287	
7610	9.500,00	10.834,00	18.152,00 S			18.152	
7643		420,00	420,00 H				**420**
	528.159,40	528.159,40	2.917.478,00 S 2.917.478,00 H	1.612.112 **Gewinn**	1.452.108,00 160.004	1.305.366 **160.004**	1.465.370
				1.612.112	1.612.112	1.465.370	1.465.370

Der handelsrechtliche Gewinn beträgt **160.004 €**

Der steuerrechtliche Gewinn beträgt (160.004 € + **1.134 € + 9.500 € + 420 €**) **171.058 €**

6.2 Bilanzierung des nicht abnutzbaren Anlagevermögens

AUFGABE 1

Arend muss das Grundstück weiterhin mit den Anschaffungskosten in Höhe von **60.000 €** bilanzieren. Der Ansatz des höheren beizulegenden Werts ist unzulässig (Anschaffungswertprinzip, § 253 Abs. 1 HGB).

AUFGABE 2

Eine außerplanmäßige Abschreibung ist in der Handelsbilanz nur auf **100 %** zulässig, weil die Papiere bei Fälligkeit zum Nennwert eingelöst werden. Ein weiterer Abschreibungsbedarf wäre nur bei einem Ausfallrisiko des Emittenten gegeben.

AUFGABE 3

zu 1.

Böhmer muss das Grundstück in der Handelsbilanz mit dem niedrigeren beizulegenden Wert bzw. Teilwert in Höhe von **8.000 €** bilanzieren, wenn davon auszugehen ist, dass die Wertminderung voraussichtlich dauernd sein wird (§ 253 Abs. 3 Satz 5 HGB).
In der Steuerbilanz gibt es ein Abschreibungswahlrecht (§ 6 Abs. 1 Nr. 2 Satz 2 EStG).

zu 2.

Buchung in der handelsrechtlichen Buchführung:

Sollkonto	Betrag (€)	Habenkonto
6230 (4840) Außerpl. Abschreib.	2.000,00	**0215** (0065) Unbeb. Grundstücke

AUFGABE 4

zu 1.

Sommer muss das **Grundstück A** in Handels- und Steuerbilanz mit den **AK** in Höhe von **15.000 €** bilanzieren, weil der Ansatz des höheren beizulegenden Werts bzw. Teilwerts unzulässig ist (Realisationsprinzip).
Das **Grundstück B** muss Sommer in der Handelsbilanz mit dem niedrigeren beizulegenden Wert in Höhe von **7.000 €** bilanzieren, weil die Wertminderung voraussichtlich dauerhaft ist (§ 253 Abs. 3 Satz 5 HGB). In der Steuerbilanz kann ein Abschreibungswahlrecht auf den niedrigeren Teilwert in Höhe von 7.000 € genutzt werden (§ 6 Abs. 1 Nr. 2 Satz 2 EStG).

zu 2.

Buchung in der handelsrechtlichen Buchführung:

Sollkonto	Betrag (€)	Habenkonto
6230 (4840) Außerpl. Abschreib.	3.000,00	**0215** (0065) Unbeb. Grundstücke

AUFGABE 5

Es ist sowohl nach dem Handelsrecht als auch nach dem Steuerrecht eine Wertaufholung vorzunehmen. Wertobergrenze sind jedoch die historischen Anschaffungskosten von 200.000 € (§ 253 Abs. 5 HGB und § 6 Abs. 1 Nr. 1 Satz 4 EStG). Die Wertaufholung erfolgt buchungstechnisch über eine Zuschreibung.

Sollkonto	Betrag (€)	Habenkonto
0215 (0065) Unbeb. Grundstücke	100.000,00	**4910** (2710) Erträge Zuschreibung

Zusammenfassende Erfolgskontrolle

Tz.	Sollkonto	Betrag (€)	Habenkonto
1.	6230 (4840) Außerpl. Abschr.	10.000,00	0215 (0065) Unbeb. Grundstücke
2.	6221 (4831) Abschreibungen	3.000,00	0240 (0090) Geschäftsbauten
3.	1900 (0980) Aktive RA 6350 (2350) Grundstücksaufw.	1.800,00 600,00	2100 (1800) Privatentnahmen 2100 (1800) Privatentnahmen
4.	4200 (8200) Erlöse 4855 (2315) Anlagenabgänge	4.500,00 2.300,00	4849 (8829) Erlöse aus Verkäufen 0690 (0490) Sonstige BGA
5.	6644 (4654) Nicht abzugsf. BK 1406 (1576) Vorsteuer 19 %	420,00 266,00	6640 (4650) Bewirtungskosten 6640 (4650) Bewirtungskosten
6.	4860 (2750) Grundstückserträge	750,00	3900 (0990) Passive RA
7.	6220 (4830) Abschreibungen	16.000,00	0690 (0490) Sonstige BGA
8.	2000 (0800) Eigenkapital	81.600,00	2100 (1800) Privatentnahmen
9.	3806 (1776) USt 19 %	38.466,00	1406 (1576) Vorsteuer 19 %
10.	5200 (3200) Wareneingang	40.000,00	1140 (3980) Bestand Waren

zu 2.

2 % von 150.000 € = **3.000 €**.

Die Fertigstellung des Gebäudes erfolgte laut Aufgabenstellung im Jahre 1982. Entsprechend kann der Bauantrag **nicht** nach dem **31.3.1985** gestellt worden sein. Das Gebäude stellt somit **kein Wirtschaftsgebäude** im Sinne des § 7 Abs. 4 Nr. 1 EStG dar. Die Abschreibung erfolgt für steuerliche Zwecke gemäß § 7 Abs. 4 Nr. 2 a) EStG mit 2 %.

zu 3.

$3/12$ von 2.400 € = **600 €** Aufwand 2021

zu 4.

Die AfA im Veräußerungsjahr (2021) ist bereits mit 1.000 € gebucht worden, siehe Formulierung des Sachverhalts „Buchwert ... **zum Zeitpunkt des Verkaufs**" und vorläufige Saldenbilanz Konto **6220** (4830).
Die Umsatzsteuer ist ordnungsgemäß erfasst.

zu 5.

Bewirtungskosten insgesamt	1.666,00 €
– nicht abzugsfähige BK (30 % von 1.400 €)	– 420,00 €
– abzugsfähige VoSt (19 % von 1.400 €)	– 266,00 €
abzugsfähige Bewirtungskosten	980,00 €

Die buchmäßige Darstellung der Bewirtungskosten erfolgt in der **Buchführung 1**, 33. Auflage 2021, Seiten 375 ff.

Konto-Nr. SKR 04	Umbuchungen S	Umbuchungen H	Saldenbilanz II S/H	Schlussbilanz A	Schlussbilanz P	GuV-Rechnung S	GuV-Rechnung H
0215		10.000	30.000 S	30.000			
0235			120.000 S	120.000			
0240		3.000	138.000 S	138.000			
0690		18.300	91.700 S	91.700			
1140		40.000	85.000 S	85.000			
1200			589.200 S	589.200			
1406	266	38.466					
1600			1.958 S	1.958			
1800			20.375 S	20.375			
1900	1.800		1.800 S	1.800			
2000	81.600		199.334 H		199.334		
2100		84.000					
3030							
3035			11.254 H		11.254		
3070							
3160			169.500 H		169.500		
3300			541.730 H		541.730		
3500			103.910 H		103.910		
3806	38.466		19.214 H		19.214		
3900		750	750 H		750		
4200	4.500		1.432.450 H				1.432.450
4645							
4849		4.500	4.500 H				4.500
4855	2.300		2.300 S			2.300	
4860	750		19.250 H				19.250
4939							
4945							
5200	40.000		823.700 S			823.700	
6000			386.370 S			386.370	
6220	16.000		16.000 S			16.000	
6221	3.000		3.000 S			3.000	
6230	10.000		11.000 S			11.000	
6350	600		115.360 S			115.360	
6500			24.600 S			24.600	
6640		686	980 S			980	
6644	420		420 S			**420**	
6825			7.850 S			7.850	
6855			1.826 S			1.826	
7100			320				320
7320			11.287 S			11.287	
7610			19.486 S			**19.486**	
7643							
	199.702	199.702	2.502.212 S	1.078.033	1.045.692,00	1.424.179	1.456.520
			2.502.212 H	**Gewinn**	32.341	**32.341**	
				1.078.033	1.078.033	1.456.520	1.456.520

Der handelsrechtliche Gewinn beträgt **32.341 €**

Der steuerrechtliche Gewinn beträgt (32.341 € + **420 €** + **19.486 €**) **52.247 €**

6.3 Anlagenverzeichnis

Anlagenverzeichnis für die Zeit vom 01.01. bis 31.12.2021

AUFGABE 1

Konto-Nr.	Bezeichnung des Gegenstandes	Ansch.- bzw. H.-tag	AK bzw. HK	ND Jahre	AfA-Art	AfA-%	jährliche AfA	Abgangs-tag	Bilanzwert am 01.01.2021	Zugänge 2021	AfA 2021	Abgänge 2021	Bilanzwert am 31.12.2021
0235													
0855	Bebaute Grundstücke Ringstr. 45	04.07.13	8.500						8.500				8.500
0240	Geschäftsbauten												
0090	Ringstr. 45	04.07.13	120.000	50	lin.	2	2.400		102.000		2.400		99.600
0520	Pkw												
0320	Pkw 1	01.02.10	12.000	6	lin.				1				1
	Pkw 2	15.06.19	18.000	6	lin.	16,66	3.000		13.250		3.000		10.250
	Pkw 3	09.11.21	19.400	6	degr.	25	var.			19.400	808		18.592
									13.251	19.400	3.808		28.843
0690	Betriebsausst.												
0400	Farbspritzgerät	04.02.19	2.400	4	lin.	25	600		1.250		600		650
	Kompressor	18.02.19	5.800	5	lin.	20	1.160		3.577		1.160		2.417
	Baustellenwagen	14.11.14	4.200	10	lin.	10	420		1.610		420		1.190
	Einbrennkabine	20.08.21	15.000	10	degr.	25	var.			15.000	1.563		13.438
									6.437	15.000	3.743		17.695
0650	Büroeinrichtung												
0420	Computer	07.03.19	13.500	3	lin.	33.33	4.500		5.250		5.249		1
	Abstelltisch	07.05.21	1.950	3	lin.	33,33	650			1.950	433		1.517
									5.250	1.950	5.682		1.518

AUFGABE 2

Konto-Nr.	Bezeichnung des Gegenstandes	Ansch.- bzw. H.-tag	AK bzw. HK	ND Jahre	AfA-Art	AfA-%	jährliche AfA	Abgangs-tag	Bilanzwert am 01.01.2021	Zugänge 2021	AfA 2021	Abgänge 2021	Bilanzwert am 31.12.2021
0240 0090	Gebäude A	2000/01	120.000	25	lin.	4	4.800		19.200		4.800		14.400
0241 0091	Gebäude B	2008	100.000	40	lin.	2,5	2.500		67.500		2.500		65.000
0242 0092	Gebäude C	1997	200.000	25	degr.	2,5	5.000		5.000		5.000		0
0243 0093	Gebäude D	2020	300.000	33	lin.	3	9.000		299.250		9.000		290.250
0244 0094	Gebäude E	2021/10	75.000	33	lin.	3	2.250			75.000	563		74.437

Tz.	Sollkonto	Habenkonto	Betrag (€)
1.	**6221** (4831) Abschreibungen auf Gebäude	**0240** (0090) Gebäude A (Wirtschaftsgebäude vor 2001)	4.800,00
2.	**6221** (4831) Abschreibungen auf Gebäude	**0241** (0091) Gebäude B (vor 01.01.1925 fertiggestellt)	2.500,00
3.	**6221** (4831) Abschreibungen auf Gebäude	**0242** (0092) Gebäude C (25. Jahr der Staffel 85)	5.000,00
4.	**6221** (4831) Abschreibungen auf Gebäude	**0243** (0093) Gebäude D (Wirtschaftsgebäude)	9.000,00
5.	**0244** (0094) Gebäude E	**4820** (8990) Andere aktivierte Eigenleistungen	15.000,00
	6221 (4831) Abschreibungen auf Gebäude	**0244** (0094) Gebäude E ($^3/_{12}$ x 2.250 € = 563 €)	563,00

AUFGABE 3

Konto-Nr.	Bezeichnung des Gegenstandes	Ansch.- bzw. H.-tag	AK bzw. HK	ND Jahre	AfA-Art	AfA-%	jährliche AfA	Abgangs-tag	Bilanzwert am 01.01.2021	Zugänge 2021	AfA 2021	Abgänge 2021	Bilanzwert am 31.12.2021
0215 0065	Grundstück A	1985	200.000						200.000				200.000
0216 0066	Grundstück B	1986	30.000					3/2021	30.000			300	29.700
0217 0067	Grundstück C	1997	20.000						20.000				20.000
0218 0068	Grundstück D	2021	53.500							53.500			53.500
0219 0069	Grundstück E	2021	158.500							158.500			158.500

Tz.	Sollkonto	Betrag (€)	Habenkonto
1.	Keine Buchung, da der höhere Teilwert nicht angesetzt werden darf (§ 6 Abs. 1 Nr. 2 Satz 3 EStG).		
2.	**4855** (2315) Anlagenabgänge (Restbuchung bei Buchgewinn)	300,00	**0216** (0066) Grundstück B
	2100 (1800) Privatentnahme	6.000,00	**4900** (2720) Erträge aus dem Abgang von Gegenständen des AV
3.	Keine Buchung, da der höhere Teilwert nicht angesetzt werden darf (§ 6 Abs. 1 Nr. 2 Satz 3 EStG).		
4.	**0218** (0068) Grundstück D	50.000,00	**3300** (1600) Verbindlichkeiten aLuL
	0218 (0068) Grundstück D	3.500,00	**6350** (2350) Grundstücksaufwendungen
5.	**0219** (0069) Grundstück E	50.000,00	**3150** (0630) Verbindlichkeiten gegenüber Kreditinstituten
	0219 (0069) Grundstück E	8.500,00	**6350** (2350) Grundstücksaufwendungen

AUFGABE 4

Konto-Nr. / Bezeichnung des Gegenstandes	Ansch.- bzw. H.-tag	AK bzw. HK	ND Jahre	AfA-Art	AfA-%	jährliche AfA	Abgangs-tag	Bilanzwert am 01.01.2021	Zugänge 2021	AfA 2021	Abgänge 2021	Bilanzwert am 31.12.2021
0520 0320 Pkw A	2019	24.000	6	lin.	16 ⅔	4.000		16.000		4.000		12.000
0521 0321 Pkw B	2017/10	54.000	6	lin.	16 ⅔	9.000		24.750		9.000		15.750
0522 0322 Pkw C	2019	25.500	6	lin.	16 ⅔	4.250	23.06.21	17.000		2.479	14.521	0
0523 0323 Pkw D	2021/07	25.000	6	degr.	25	var.			25.000	3.125		21.875
0524 0324 Pkw E	2021/10	30.400	6	degr.	25	var.			30.400	1.900		28.500

Tz.	Sollkonto	Betrag (€)	Habenkonto
1.	**6222** (4832) Abschreibungen auf Kfz	4.000,00	**0520** (0320) Pkw A
2.	**6222** (4832) Abschreibungen auf Kfz	9.000,00	**0521** (0321) Pkw B
3.	**6222** (4832) Abschreibungen auf Kfz	2.479,00	**0522** (0322) Pkw C
	6895 (2310) Anlagenabgänge Sachanlagen	14.521,00	**0522** (0322) Pkw C
	1600 (1000) Kasse	12.000,00	**6889** (8800) Erlöse aus Verkäufen Sachanlagevermögen
	1600 (1000) Kasse	2.220,00	**3806** (1776) Umsatzsteuer 19 %
4.	**0523** (0323) Pkw D	25.000,00	**1800** (1200) Bank
	1406 (1576) Vorsteuer 19 %	4.750,00	**1800** (1200) Bank
	6222 (4832) Abschreibungen auf Kfz	3.125,00	**0523** (0323) Pkw D
5.	**0524** (0324) Pkw E	30.000,00	**1800** (1200) Bank
	1406 (1576) Vorsteuer 19 %	5.700,00	**1800** (1200) Bank
	0524 (0324) Pkw E	400,00	**6500** (4500) Fahrzeugkosten
	6222 (4832) Abschreibungen auf Kfz	1.900,00	**0524** (0324) Pkw E

Zusammenfassende Erfolgskontrolle

Tz.	Sollkonto	Betrag (€)	Habenkonto
1.	**6230** (4840) Außerpl. Abschr.	20.000,00	**0215** (0065) Unbeb. Grundstücke
	6895 (2310) Anlagenabgänge	25.000,00	**0215** (0065) Unbeb. Grundstücke
	1800 (1200) Bank	25.000,00	**6900** (2320) Verluste aus dem Abgang
2.	Es ist **keine Buchung** vorzunehmen. Das Grundstück darf **höchstens** mit den **Anschaffungskosten** angesetzt werden (§ 253 HGB; § 6 Abs. 1 Nr. 2 EStG).		
3.	**6221** (4831) Abschreibungen	1.200,00	**0250** (0100) Fabrikbauten
4.	**6221** (4831) Abschreibungen	1.500,00	**0240** (0090) Geschäftsbauten
5./6.	**0520** (0320) Pkw	30.000,00	
	1406 (1576) Vorsteuer 19 %	5.700,00	
		35.700,00	**1800** (1200) Bank
	0520 (0320) Pkw	450,00	**6500** (4500) Fahrzeugkosten
	6222 (4832) Abschreibungen	5.903,00	**0520** (0320) Pkw
7./8.	**6220** (4830) Abschreibungen	2.462,00	**0650** (0420) Büroeinrichtung
	4855 (2315) Anlagenabgänge	9.000,00	**0650** (0420) Büroeinrichtung
	1200 (1400) Forderungen aLuL	14.280,00	
		12.000,00	**4849** (8829) Erlöse aus Verkäufen
		2.280,00	**3806** (1776) Umsatzsteuer 19 %

Anlagenverzeichnis für die Zeit vom 01.01. bis 31.12.2021

Konto-Nr.	Bezeichnung des Gegenstandes	Ansch.- bzw. H.-tag	AK bzw. HK	ND Jahre	AfA-Art	AfA-%	jährliche AfA	Abgangs-tag	Bilanzwert am 01.01.2021	Zugänge 2021	AfA 2021	Abgänge 2021	Bilanzwert am 31.12.2021
0215	**I. Nichtabn. AV** Unbebaute												
0065	Grundstücke	07.03.09	45.000					28.12.21	45.000		20.000	25.000	0
0235	Bebaute												
0855	Grundstück	29.05.20	20.000						20.000				20.000
0250	**II. Abnutzb. AV** Fabrikbauten												
0100		25.05.21	90.000	50	lin.	2	1.800			90.000	1.200		88.800
0240	Geschäftsbauten												
0090		19.10.21	200.000	33	lin.	3	6.000			200.000	1.500		198.500
0520	Pkw												
0320	Pkw A	16.09.19	24.000	6	lin.	16,66	4.000		18.667		4.000		14.667
	Pkw B	19.10.21	30.450	6	degr.	25	var.			30.450	1.903		28.547
									18.667	30.450	5.903		43.214
0650	Büroeinrichtung A	15.04.16	23.000	10	lin.	10	2.000	05.10.21	10.500		1.500	9.000	0
0420	B	05.10.21	23.000	13	degr.	19,2	var.			20.000	962		19.038
									10.500	20.000	2.462	9.000	19.038

7 Bilanzierung des Umlaufvermögens

7.2 Bilanzierung der Vorräte

AUFGABE 1

	Anfangsbestand	14.200 kg	zu 3,20 €	=		45.440 €
+	Zugang	13.000 kg	zu 3,30 €	=		42.900 €
+	Zugang	8.000 kg	zu 3,40 €	=		27.200 €
=	**Summe**	**35.200 kg**		**=**		**115.540 €**

Durchschnittswert je Bewertungseinheit $= \dfrac{115.540\,€}{35.200\,€} =$ **3,2824 €/kg**

12.000 kg x 3,2824 €/kg $=$ **39.389 €**

Marktpreis am Bilanzstichtag **42.000 €**

Der Endbestand ist bei der Durchschnittsbewertung mit **39.389 €** in der Handelsbilanz zum 31.12.2021 anzusetzen. Steuerlich besteht ein Bewertungswahlrecht, wenn die Wertminderung von Dauer ist (§ 6 Abs. 1 Nr. 2 Satz 2 EStG).

AUFGABE 2

	Anfangsbestand	10.000 Sack	zu 3,00 €	=		30.000 €
+	Zugang	10.000 Sack	zu 3,50 €	=		35.000 €
+	Zugang	10.000 Sack	zu 3,90 €	=		39.000 €
+	Zugang	10.000 Sack	zu 4,00 €	=		40.000 €
=	**Summe**	**40.000 Sack**		**=**		**144.000 €**

Durchschnittswert je Bewertungseinheit $= \dfrac{144.000\,€}{40.000\,\text{Sack}} =$ **3,60 €/Sack**

10.000 Sack x 3,60 €/Sack $=$ **36.000 €**

Marktpreis am Bilanzstichtag **38.000 €**

Der Endbestand ist bei der Durchschnittsbewertung mit **36.000 €** in der Handelsbilanz zum 31.12.2021 anzusetzen.

Lehrbuch 162

AUFGABE 3

Anfangsbestand	2.000 kg	zu 100 €	=	200.000 €
+ Zugang	1.500 kg	zu 110 €	=	165.000 €
+ Zugang	2.000 kg	zu 130 €	=	260.000 €
= Summe	5.500 kg		=	625.000 €

$$\text{Durchschnittswert je Bewertungseinheit} = \frac{625.000\,\text{€}}{5.500\,\text{€}} = \mathbf{113{,}6364\,\text{€/kg}}$$

$$3.000\,\text{kg} \times 113{,}6364\,\text{€/kg} = \mathbf{340.909\,\text{€}}$$

Der Endbestand ist bei der Durchschnittsbewertung mit **340.909 €** in der Handelsbilanz zum 31.12.2021 anzusetzen.

AUFGABE 4

Anfangsbestand	10.000 Sack	zu 3,00 €	=	30.000 €
+ Zugang	10.000 Sack	zu 3,50 €	=	35.000 €
+ Zugang	10.000 Sack	zu 3,90 €	=	39.000 €
+ Zugang	10.000 Sack	zu 4,00 €	=	40.000 €
− Abgänge	30.000 Sack			
= Endbestand	10.000 Sack		=	30.000 €

Marktpreis am Bilanzstichtag **38.000 €**

Nach dem **Lifo-Verfahren** ist der Bestand mit **30.000 €** in der Handelsbilanz anzusetzen.

AUFGABE 5

Anfangsbestand	2.000 kg	zu 100 €	=	200.000 €
+ Zugang	1.500 kg	zu 110 €	=	165.000 €
+ Zugang	2.000 kg	zu 130 €	=	260.000 €
− Abgänge	2.500 kg		=	
= Endbestand	3.000 kg			

Der Endbestand von **3.000 kg** ist nach dem **Perioden-Lifo-Verfahren** wie folgt zu bewerten:

Layer I (Bestandsposten I)	2.000 kg zu 100 €	=	200.000 €
Layer II (Bestandsposten II)	1.000 kg zu 110 €	=	110.000 €
			310.000 €

AUFGABE 6

$$\text{Teilwert} = \frac{170.000\,\text{€}}{(1 + 19{,}50\,\%) + (75{,}42\,\% \times 16{,}67\,\%)} = \mathbf{128.719{,}62\,\text{€}}$$

Lehrbuch 162/178   37

AUFGABE 7

Die Aussagen **(e)** und **(h)** sind richtig.

- In der **Steuerbilanz** müssen zwingend die Anschaffungskosten (**20.000 €**) angesetzt werden, weil der Teilwert am Tag der Bilanzaufstellung **über** den Anschaffungskosten liegt und deswegen keine dauerhafte Wertminderung vorliegt.
- Nach dem § 253 Abs. 4 HGB gilt das „strenge Niederstwertprinzip"; deswegen müssen die Waren in der **Handelsbilanz** mit dem Wert von **18.000 €** angesetzt werden.

7.3 Bilanzierung der Forderungen

AUFGABE 1

Tz.	Sollkonto	Betrag (€)	Habenkonto
1.	**1240** (1460) Zweifelh. Forder.	2.380,00	**1200** (1400) Forderungen aLuL
2.	**6930** (2400) Forderungsverluste **3806** (1776) Umsatzsteuer 19 %	2.000,00 380,00	**1240** (1460) Zweifelh. Forder. **1240** (1460) Zweifelh. Forder.

AUFGABE 2

Sollkonto	Betrag (€)	Habenkonto
1800 (1200) Bank **1800** (1200) Bank	862,07 137,93*	**4925** (2732) Erträge aus abg. Forderungen **3845** (1791) USt frühere Jahre

* 1.000 € : 1,16 = 862,07 € x 16 % USt = 137,93 € USt

AUFGABE 3

Tz.	Sollkonto	Betrag (€)	Habenkonto
1.	**1800** (1200) Bank **3806** (1776) Umsatzsteuer 19 % **6930** (2400) Forderungsverluste	476,00 114,00 600,00	**1240** (1460) Zweifelhafte Ford. **1240** (1460) Zweifelhafte Ford. **1240** (1460) Zweifelhafte Ford.
2.	**6930** (2400) Forderungsverluste **3806** (1776) Umsatzsteuer 19 %	3.000,00 570,00	**1240** (1460) Zweifelhafte Ford. **1240** (1460) Zweifelhafte Ford.
3.	**6930** (2400) Forderungsverluste **3806** (1776) Umsatzsteuer 19 %	2.000,00 950,00	**1240** (1460) Zweifelhafte Ford. **1240** (1460) Zweifelhafte Ford.
4.	**6930** (2400) Forderungsverluste **3806** (1776) Umsatzsteuer 19 %	500,00 95,00	**1200** (1400) Forderungen aLuL **1200** (1400) Forderungen aLuL

Lehrbuch 179/180

AUFGABE 4

Tz.	Sollkonto	Betrag (€)	Habenkonto
1.	**1240** (1460) Zweifelhafte Ford.	4.760,00	**1200** (1400) Forderungen aLuL
2.	**6910** (4886) Abschr. auf UV	2.800,00	**1246** (0998) EWB
3.	**1800** (1200) Bank	952,00	**1240** (1460) Zweifelhafte Ford.
	3806 (1776) Umsatzsteuer 19 %	608,00	**1240** (1460) Zweifelhafte Ford.
	6930 (2400) Forderungsverluste	400,00	**1240** (1460) Zweifelhafte Ford.
	1246 (0998) EWB	2.800,00	**1240** (1460) Zweifelhafte Ford.

AUFGABE 5

Tz.	Sollkonto	Betrag (€)	Habenkonto
1.	**1800** (1200) Bank	714,00	**1240** (1460) Zweifelhafte Ford.
	3806 (1776) Umsatzsteuer 19 %	266,00	**1240** (1460) Zweifelhafte Ford.
	1246 (0998) Einzelwertber.	1.500,00	**1240** (1460) Zweifelhafte Ford.
	1240 (1460) Zweifelhafte Ford.	100,00	**4925** (2732) Erträge aus abg. F.
2.	**1240** (1460) Zweifelhafte Ford.	7.140,00	**1200** (1400) Forderungen aLuL
3.	**6910** (4886) Abschr. auf UV	4.200,00	**1246** (0998) Einzelwertber.
4.	**6930** (2400) Forderungsverluste	500,00	**1200** (1400) Forderungen aLuL
	3806 (1776) Umsatzsteuer 19 %	95,00	**1200** (1400) Forderungen aLuL
5.	**1240** (1460) Zweifelhafte Ford.	1.190,00	**1200** (1400) Forderungen aLuL
	6910 (4886) Abschr. auf UV	400,00	**1246** (0998) Einzelwertber.

AUFGABE 6

Berechnung:

Pauschalwertberichtigung am 31.12.2021 (1 % von 450.000 €)	4.500,00 €
− Pauschalwertberichtigung am 31.12.2020	4.000,00 €
= **Zuführung** zur Pauschalwertberichtigung	**500,00 €**

Buchungssatz:

Sollkonto	Betrag (€)	Habenkonto
6920 (2450) Einstellung PWB	500,00	**1248** (0996) Pauschalwertberichtigung

AUFGABE 7

Berechnung:

Pauschalwertberichtigung am 31.12.2021 (1 % von 150.000 €)	1.500,00 €
− Pauschalwertberichtigung am 31.12.2020	2.000,00 €
= **Auflösung** zur Pauschalwertberichtigung	**500,00 €**

Buchungssatz:

Sollkonto	Betrag (€)	Habenkonto
1248 (0996) Pauschalwertberichtigung	500,00	**4920** (2730) Erträge PWB

Lehrbuch 180/181

AUFGABE 8

Tz.	Sollkonto	Betrag (€)	Habenkonto
1.	**3806** (1776) Umsatzsteuer 19 %	1.140,00	**1240** (1460) Zweifelhafte Ford.
	1246 (0998) Einzelwertber.	3.000,00	**1240** (1460) Zweifelhafte Ford.
	6930 (2400) Forderungsverluste	3.000,00	**1240** (1460) Zweifelhafte Ford.
2.	**1240** (1460) Zweifelhafte Ford.	5.950,00	**1200** (1400) Forderungen aLuL
	6910 (4886) Abschr. auf UV	1.500,00	**1246** (0998) Einzelwertber.
3.	**6930** (2400) Forderungsverluste	1.500,00	**1200** (1400) Forderungen aLuL
	3806 (1776) Umsatzsteuer 19 %	285,00	**1200** (1400) Forderungen aLuL
4.	**1248** (0996) Pauschalwertber.	260,00	**4920** (2730) Erträge PWB

zu 4.

	Forderungen aLuL (lt. Saldenbilanz)	416.500 €
–	Tz. 2	– 5.950 €
–	Tz. 3	– 1.785 €
	pauschal wertzuberichtigende Ford.	408.765 €
–	Umsatzsteuer	– 65.265 €
=	Bemessungsgrundlage der PWB	343.500 €
	PWB am 31.12.2021 (1 % von 343.500 €)	3.435 €
–	PWB am 31.12.2020 (lt. Saldenbilanz)	– 3.695 €
=	**Auflösung**	**260 €**

AUFGABE 9

Tz.	Sollkonto	Betrag (€)	Habenkonto
1.	**3806** (1776) Umsatzsteuer 19 %	570,00	**1240** (1460) Zweifelhafte Ford.
	1246 (0998) Einzelwertber.	2.000,00	**1240** (1460) Zweifelhafte Ford.
	6930 (2400) Forderungsverluste	1.000,00	**1240** (1460) Zweifelhafte Ford.
2.	**3806** (1776) Umsatzsteuer 19 %	95,00	**1200** (1400) Forderungen aLuL
	6930 (2400) Forderungsverluste	500,00	**1200** (1400) Forderungen aLuL
3.	**1240** (1460) Zweifelhafte Ford.	1.190,00	**1200** (1400) Forderungen aLuL
	6910 (4886) Abschr. auf UV	400,00	**1246** (0998) Einzelwertber.
4.	**1248** (0996) Pauschalwertber.	140,00	**4920** (2730) Erträge PWB

zu 4.

	PWB am 31.12.2021 (1 % von 28.500 €)	285 €
–	PWB am 31.12.2020 (lt. Saldenbilanz)	– 425 €
=	**Auflösung**	**140 €**

Lehrbuch 181

A U F G A B E 10

zu a)

Sollkonto	Betrag (€)	Habenkonto
1240 (1460) Zweifelhafte Ford.	46.410,00	**1200** (1400) Forderungen aLuL
6910 (4886) Abschr. auf UV	27.300,00*	**1246** (0998) Einzelwertber.

* 46.410 € : 1,19 = 39.000 € (netto) x 70 % = 27.300 €

zu b)

Forderungen insgesamt	522.300 €
darin enthaltene nicht inländische Forderung Mosena	− 22.500 €
darin enthaltene inländische Forderung Schmidt	− 46.410 €
pauschal wertzuberichtigende Forderungen (brutto)	= 453.390 €
abzüglich USt 19 %	− 72.390 €
pauschal wertzuberichtigende Forderungen (netto)	= 381.000 €
zuzüglich Forderung Mosena	+ 22.500 €
Bemessungsgrundlage Pauschalwertberichtigung	= 403.500 €
davon 1 %	4.035 €
vorhandene Pauschalwertberichtigung	3.435 €
Zuführung zur Pauschalwertberichtigung	**600 €**

Buchungssatz:

Sollkonto	Betrag (€)	Habenkonto
6920 (2450) Einstellung PWB	600,00	**1248** (0996) Pauschalwertberichtigung

zu c)

Handelsrechtlich muss der niedrigere Wert (beizulegende Wert) angesetzt werden (§ 253 Abs. 4 HGB).

Lappas muss in seiner Handelsbilanz nach § 266 Abs. 2 HGB als Forderungen aLuL den Betrag von **490.965 €*** ausweisen.

*	Forderungen insgesamt	522.300 €
−	Abschreibung auf UV	− 27.300 €
−	Pauschalwertberichtigung	− 4.035 €
=	Forderungen aLuL	**490.965 €**

7.4 Bilanzierung der Wertpapiere

AUFGABE 1

	Handelsbilanz 31.12.2021	Steuerbilanz 31.12.2021
Anleihen	**12.500 €**	**12.500 € oder 13.300 €***
Obligationen	**31.900 €**	**32.400 €****
Pfandbriefe	**15.200 €**	**15.200 €**

   *   Wertabweichung > 5 %

  ** Wertabweichung < 5 %

AUFGABE 2

zu 1.

Kurswert (115,04 € x 70)	8.052,80 €
+ Anschaffungsnebenkosten (= 1,5 % des Kurswerts)	+ 120,80 €
= **Anschaffungskosten**	**8.173,60 €**

Sollkonto	Betrag (€)	Habenkonto
1510 (1348) Sonstige Wertpapiere	8.173,60	**1800** (1200) Bank

zu 2.

Kurswert (107,30 € x 20)		2.146,00 €
- Verkaufskosten (1,5 % von 2.146 €)		- 32,19 €
		2.113,81 €
- Anschaffungskosten		
Kurswert (115,04 € x 20)	2.300,80 €	
ANK (120,80 € : 70 x 20)	34,51 €	2.335,31 €
= Verlust		221,50 €

Hinweis: Für die steuerrechtliche Gewinnermittlung gilt das Teileinkünfteverfahren.

Sollkonto	Betrag (€)	Habenkonto
1800 (1200) Bank	2.113,81	**1510** (1348) Sonstige WP
6905 (2325) Verluste aus dem Abgang	221,50	**1510** (1348) Sonstige WP

zu 3.

		Handelsbilanz 31.12.2021	Steuerbilanz* 31.12.2021
Kurswert (50 x 114,17 €)	5.708,50 €		
fiktive ANK (1,5 %)	85,62 €	**5.794,12 €**	
Kurswert (50 x 115,04 €)	5.752,00 €		
ANK (120,80 € : 70 x 50)	86,29 €		**5.838,29 €**

  * Wertabweichung < 5 %

Zusammenfassende Erfolgskontrolle

Tz.	Sollkonto	Betrag (€)	Habenkonto
1.	**0215** (0065) Unbeb. Grundst.	8.000,00	**6350** (2350) Grundstücksaufw.
2.	Es ist keine Buchung erforderlich. Das Grundstück darf höchstens mit den AK angesetzt werden (§ 253 HGB; § 6 Abs. 1 Nr. 2 EStG).		
3.	**1200** (1400) Ford. aLuL **1200** (1400) Ford. aLuL	5.000,00 800,00	**4200** (8200) Erlöse **3845** (1791) USt frühere Jahre
4.	**1900** (0980) Aktive RA	3.000,00	**7320** (2120) Zinsaufwendungen
5.	**6920** (2450) Einstellung PWB	3.446,00	**1248** (0996) PWB
6.	**7610** (4320) Gewerbesteuer	1.870,00	**3035** (0956) GewSt-Rückst.
7.	**2100** (1800) Privatentnahmen	2.786,00	**7650** (4340) Sonstige Steuern
8.	**6220** (4830) Abschreibungen **6220** (4830) Abschreibungen **6220** (4830) Abschreibungen **6262** (4860) Abschreibungen	8.500,00 32.000,00 21.000,00 580,00	**0240** (0090) Geschäftsbauten **0520** (0320) Pkw **0690** (0410) Geschäftsausst. **0675** (0485) WG Sammelposten
9.	**3806** (1776) USt 19 %	1.400,00	**1406** (1576) Vorsteuer 19 %
10.	**2100** (1800) Privatentnahmen	83.214,00	**2000** (0800) Eigenkapital
11.	**1140** (3980) Bestand Waren	10.000,00	**5200** (3200) Wareneingang

zu 1.

Die **Anschaffungsnebenkosten** in Höhe von **8.000 €** gehören zu den Anschaffungskosten des Grundstücks und sind deshalb zu aktivieren.

zu 5.

$$
\begin{array}{rl}
& 399.562,00\,€ \quad \text{(netto)} \\
+ & \underline{5.000,00\,€} \quad \text{(netto Tz. 3)} \\
= & 404.562,00\,€
\end{array}
$$

1 % von 404.562 €	= 4.046 €	(PWB 31.12.2021)
	− 600 €	(PWB 31.12.2020)
Zuführung	= **3.446 €**	

zu 6.

Die Gewerbesteuer ist nach § 4 Abs. 5b EStG keine Betriebsausgabe.

Die Gewerbesteuerrückstellung wird auf das Konto „**3035** (0956) Gewerbesteuerrückstellung, § 4 Abs. 5b EStG" gebucht (siehe auch Kapitel 9 „Rückstellungen", Seiten 198 ff.).

zu 8.

20 % von 2.900 € = **580 €** (§ 6 Abs. 2a EStG)

Konto-Nr. SKR 04	Umbuchungen		Saldenbilanz II	Schlussbilanz		GuV-Rechnung	
	S	H	S/H	A	P	S	H
0215	8.000		118.000 S	118.000			
0235			50.000 S	50.000			
0240		8.500	151.900 S	151.900			
0520		32.000	103.200 S	103.200			
0675		580	2.320 S	2.320			
0690		21.000	62.000 S	62.000			
1140	10.000		180.000 S	180.000			
1200	5.800		481.279 S	481.279			
1248		3.446	4.046 H		4.046		
1406		1.400					
1600			5.620 S	5.620			
1800			11.802 S	11.802			
1900	3.000		3.000 S	3.000			
2000		83.214	709.439 H		709.439		
2100	86.000						
3035		1.870	1.870 H		1.870		
3150			127.200 H		127.200		
3300			109.200 H		109.200		
3500			14.906 H		14.906		
3730							
3740							
3806	1.400		5.621 H		5.621		
3845		800	800 H		800		
4200		5.000	1.536.565 H				1.536.565
4855			15.600 S			15.600	
5200		10.000	738.500 S			738.500	
6000			400.000 S			400.000	
6220	61.500		61.500 S			61.500	
6262	580		580 S			580	
6305			49.040 S			49.040	
6350		8.000	8.800 S			8.800	
6500			22.500 S			22.500	
6920	3.446		3.446 S			3.446	
7100			524 H				524
7320		3.000	22.000 S			22.000	
7400			4.300 H				4.300
7610	1.870		21.170 S			21.170	
7650		2.786	2.214 S			2.214	
	181.546	181.546	2.514.471 S	1.169.121	973.082	1.345.350	1.541.389
			2.514.471 H	**Gewinn**	**196.039**	**196.039**	
				1.169.121	1.169.121	1.541.389	1.541.389

8 Bilanzierung der Verbindlichkeiten

A U F G A B E 1

zu 1.

AK der Währungsverbindlichkeit (10.000 $ x 0,7336 $/€)	**7.336 €**
Teilwert/beizulegender Wert der Verbindlichkeit zum Bilanzstichtag 31.12.2021 (10.000 $ x 0,7435 $/€)	**7.435 €**

Nach dem Höchstwertprinzip ist die Verbindlichkeit in der Handelsbilanz mit dem Wert von **7.435 €** in der Bilanz anzusetzen, weil die Werterhöhung von Dauer ist.
Die Werterhöhung verstärkt sich noch bei der Aufstellung der Bilanz
(10.000 $ x 0,7555 = 7.555 €).
In der Steuerbilanz hat der Gewerbetreibende ein Bewertungswahlrecht.

zu 2.

Handelsrechtlicher Buchungssatz zum 31.12.2021:

Sollkonto	Betrag (€)	Habenkonto
6880 (2150) Aufw. aus der W.	99,00*	**3300** (1600) Verbindl. aLuL

* 99,00 € (7.435 € - 7.336 €)

A U F G A B E 2

zu 1.

Sollkonto	Betrag (€)	Habenkonto
0440 (0210) Maschinen	53.056,03*	**3350** (1660) Schuldwechsel

* 75.000 $: 1,4136 = 53.056,03 €

zu 2.

Es liegt eine Wertminderung der Verbindlichkeit durch eine Währungsumrechnung vor.
Nach § 256a HGB muss der Ertrag ausgewiesen werden (Laufzeit < 1 Jahr):
75.000 € : 1,4237 USD = **52.679,64 €**; Minderung um 376,39 €

Buchungssatz:

Sollkonto	Betrag (€)	Habenkonto
3350 (1660) Schuldwechsel	376,39	**4840** (2660) Erträge aus der W.

In der Steuerbilanz darf der Ertrag nicht ausgewiesen werden.

zu 3.

Sollkonto	Betrag (€)	Habenkonto
3350 (1660) Schuldwechsel	52.679,64	
	52.319,50*	**1800** (1200) Bank
	360,14**	**4840** (2660) Erträge aus der W.

* 75.000 $: 1,4335 = 52.319,50 €

** 52.679,64 € – 52.319,50 € = 360,14 €

AUFGABE 3

Da Handels- und Steuerbilanz bei diesem Geschäftsvorfall nicht voneinander abweichen, wird das Damnum auch in der Handelsbilanz aktiviert.

zu 1.

Sollkonto	Betrag (€)	Habenkonto
1800 (1200) Bank	48.500,00	**3150** (0630) Verb. gegen. Kreditinst.
1940 (0986) Damnum/Disagio	1.500,00	**3150** (0630) Verb. gegen. Kreditinst.

zu 2.

Sollkonto	Betrag (€)	Habenkonto
7320 (2120) Zinsaufwendungen	47,00*	**1940** (0986) Damnum
7320 (2120) Zinsaufwendungen	875,00**	**3500** (1700) Sonstige Verbindlichk.

* 1.500 € : 8 Jahre = 187,50 € x $\frac{3}{12}$ = 46,88 € rd. 47 €   ** 7 % x 50.000,00 € x 3/12 = 875,00

zu 3.

Sollkonto	Betrag (€)	Habenkonto
7320 (2120) Zinsaufwendungen	2.625,00	**1800** (1200) Bank
3500 (1700) Sonstige Verbindlichk.	875,00	**1800** (1200) Bank

AUFGABE 4

Da Handels- und Steuerbilanz bei diesem Geschäftsvorfall nicht voneinander abweichen, wird das Damnum auch in der Handelsbilanz aktiviert.

zu a)

Sollkonto	Betrag (€)	Habenkonto
1800 (1200) Bank	98.000,00	**3150** (0630) Verb. gegen. Kreditinst.
1940 (0986) Damnum/Disagio	2.000,00	**3150** (0630) Verb. gegen. Kreditinst.

zu b)

$$\text{Abschreibung} \quad = \quad 2.000\,€ \quad \text{x} \quad \frac{10}{55} \quad = \quad \text{rd. } \mathbf{364\,€}$$

Sollkonto	Betrag (€)	Habenkonto
7324 (2124) Abschr. auf Disagio	364,00	**1940** (0986) Damnum/Disagio

AUFGABE 5

Da Handels- und Steuerbilanz bei diesem Geschäftsvorfall nicht voneinander abweichen, wird das Damnum auch in der Handelsbilanz aktiviert.

zu a)

Sollkonto	Betrag (€)	Habenkonto
1800 (1200) Bank	95.000,00	**3150** (0630) Verb. gegen. Kreditinst.
1940 (0986) Damnum/Disagio	5.000,00	**3150** (0630) Verb. gegen. Kreditinst.

46 Lehrbuch 197

zu b)

$$\text{Abschreibung} \quad = \quad 5.000\,€ \quad \times \quad \frac{6}{21} \quad = \quad \mathbf{1.429\,€}$$

Sollkonto	Betrag (€)	Habenkonto
7324 (2124) Abschr. auf Disagio	1.429,00	**1940** (0986) Damnum/Disagio

AUFGABE 6

Da Handels- und Steuerbilanz bei diesem Geschäftsvorfall nicht voneinander abweichen, wird das Damnum auch in der Handelsbilanz aktiviert.

zu 1.

Damnum	**4.500,00 €**
Jahresaufwand 2021:	**9.000,00 €** (6 % von 150.000 €)
jährliche Annuität:	15.444,00 € (150.000 € x 0,10296)
Gesamtaufwand 2021 bis 2035:	**81.660,00 €**

$$\text{Jahresabschreibung 2021} \quad = \quad \frac{4.500\,€ \times 9.000\,€}{81.660\,€} \quad = \quad \mathbf{496,00\,€}$$

zu 2.

Damnum   **4.500,00 €**

	Zinsen €	Tilgung €	Annuität €	Restschuld 31.12. €
2021	9.000	6.444	15.444	143.556
2022	**8.613**	6.831	15.444	136.725

$$\text{Jahresabschreibung 2022} \quad = \quad \frac{4.500\,€ \times 8.613\,€}{81.660\,€} \quad = \quad \mathbf{475,00\,€}$$

zu 3.

Damnum	**4.500,00 €**
Abschreibungsdauer:	15 Jahre
Abschreibungsart:	linear

$$\text{Jahresabschreibung 2021} \quad = \quad \frac{4.500\,€}{15} \quad = \quad \mathbf{300,00\,€}$$

AUFGABE 7

zu 1.

In der Handelsbilanz sind die Verbindlichkeiten jeweils mit dem Erfüllungsbetrag anzusetzen (§ 253 Abs. 1 HGB): 400.000,00 €.

zu 2.

In der Steuerbilanzen sind die Verbindlichkeiten mit einem Zinssatz von 5,5 % abzuzinsen.

31.12.2021: 400.000,00 € x 1 : $(1 + 0,055)^{10}$ = 232.972,20 €

Buchungssatz:

Sollkonto	Betrag (€)	Habenkonto
1800 (1200) Bank	400.000,00	
	232.972,20	**3567** (1708) Darlehen (LZ > 5 J.)
	167.027,80	**7141** (2683) Zinserträge aus der Abzinsung von Verbindlichkeiten

31.12.2021: 400.000,00 € x 1 : $(1 + 0,055)^{9}$ = 247.055,68 €

Buchungssatz:

Sollkonto	Betrag (€)	Habenkonto
7361 (2143) Zinsaufwendungen aus der Abzinsung von Verbindlichkeiten	14.083,48*	**3567** (1708) Darlehen (LZ > 5 J.)

* 247.055,68 € - 232.972,20 € = 14.083,48 €

9 Rückstellungen

AUFGABE 1

Tz.	Sollkonto	Betrag (€)	Habenkonto
1.	**7610** (4320) Gewerbesteuer **3035** (0956) GewSt-Rückst. **3035** (0956) GewSt-Rückst.	4.000,00 3.850,00 150,00	**3035** (0956) GewSt-Rückst. **1800** (1200) Bank **7643** (2283) Erträge aus der Aufl. von GewSt-Rückst.
2.	**6827** (4957) Abschluss- und Prüfungskosten	8.000,00	**3095** (0977) Rückst. für Abschluss- und Prüfungskosten
3.	**6026** (4126) Tantiemen	25.000,00	**3070** (0970) Sonst. Rückst.
4.	**4740** (8740) Gewährte Boni	45.000,00	**3070** (0970) Sonst. Rückst.
5.	**6825** (4950) Rechts- und Beratungskosten	10.000,00	**3070** (0970) Sonst. Rückst.
6.	**6140** (4165) Aufwendungen für Altersversorgung	27.000,00	**3010** (0950) Rückst. für Pensionen
7.	**6350** (2350) Grundstücksaufw.	25.000,00	**3075** (0971) Rückst. für unterlassene Aufwend.
8.	**6790** (4790) Aufwand für Gewährleistungen	8.000,00	**3090** (0974) Rückst. für Gewährleistungen
9.	**6350** (2350) Grundstücksaufw.	15.000,00	**3075** (0971) Rückst. für unterlassene Aufwend.

AUFGABE 2

In Handelsbilanz und Steuerbilanz sind die künftigen Zahlungen als Rückstellungen anzusetzen. Die Schadensersatzleistungen sind jedoch nicht abzuzinsen, weil sie nicht unverzinslich sind. Die Prozesskosten sind jedoch Verpflichtungen, die eine Laufzeit von zwei Jahren haben und unverzinslich sind; sie müssen abgezinst werden.

HGB: 200.000,00 € x 1 : $(1 + 0,04)^2$ = 184.911,24 €

EStG: 200.000,00 € x 1 : $(1 + 0,055)^2$ = 179.690,48 €

Nach der Nettomethode sind diese Beträge in der Bilanz zu passivieren.

AUFGABE 3

Sollte der Betrieb mit einer Abschlusszahlung der Gewerbesteuer rechnen, liegt eine ungewisse Verbindlichkeit vor: Die Steuer ist mit Ablauf des Erhebungszeitraums (= 31.12.2021) entstanden, aber die Höhe und Fälligkeit werden erst mit der Bekanntmachung des Steuerbescheids gewiss.

Die voraussichtliche Abschlusszahlung ist zu berechnen.

Jahresaübüberschuss 2021 lt. HGB	120.000,00 €
+ GewSt	10.000,00 €
Gewinn § 7 GewStG	**130.000,00 €**
Hinzurechnungen gem. § 8 GewStG	30.000,00 €
Kürzungen gem. § 9 GewStG	15.500,00 €
Gewerbeertrag	**144.500,00 €**
- Freibetrag	24.500,00 €
Rest	**120.000,00 €**
x 3,5 % = Steuermessbetrag	4.200,00 €
x 400 % Hebesatz = GewSt	16.800,00 €
- Vorauszahlungen	10.000,00 €
= Rückstellung	**6.800,00 €**

AUFGABE 4

H 6.11 EStH: „Urlaubsverpflichtungen" sind ungewisse Verbindlichkeiten i. S. d. § 249 Abs. 1 Satz 1 HGB und deswegen in der HB zu bilanzieren, ebenso in der StB (§ 5 Abs. 1 Satz 1 EStG).

Der anteilige Personalaufwand ist zu berechnen; dabei bleiben die sonstigen Bezüge außer Betracht.

$(3.850 + 750) \times 12 = 55.200 \times \frac{12}{230}$ 2.880,00 €

AUFGABE 5

Für die Abbruchverpflichtung ist sowohl in der HB als auch in der StB eine Rückstellung zu bilden. Bei der Abzinsung ist von der Laufzeit auszugehen (noch 18 von 20 Jahren).

HGB: In der HB ist vom voraussichtlichen Erfüllungsbetrag auszugehen, in diesem Fall 100.000 €, und mit dem Zinssatz gemäß § 253 Abs. 3 HGB – hier 2 % – abzuzinsen:
100.000 € x 2 : 20 x 1 : $(1+0{,}02)^{18}$ = 7.002 €

EStG: In der StB ist von den geschätzten Werten zum Bilanzstichtag auszugehen, in diesem Fall 74.000 €, und mit einem Zinssatz von 5,5 % abzuzinsen:
74.000 € x 2 : 20 x 1 : $(1+0{,}055)^{18}$ = 2.823 €

Am nächsten Bilanzstichtag ist die Rückstellung neu zu bewerten, z. B. für die StB:
78.000 x 3 : 20 x 1 : $(1+0{,}055)^{17}$ = 4.467 €

AUFGABE 6

Es besteht eine rechtliche Verpflichtung zur Erstellung des Jahresabschlusses für das Wirtschaftsjahr (H 6.11 „Aufbewahrung von Geschäftsunterlagen"). Insoweit ist über die späteren Aufwendungen eine Rückstellung für ungewisse Verbindlichkeiten zu bilden. Die unerwartete Erhöhung des üblichen Honorars ist eine werterhellende Tatsache im Sinne des § 252 Abs. 1 Nr. 4 HGB.

Es ist eine Rückstellung in Höhe von 4.000 € zum 31.12.2021 zu bilden.

AUFGABE 7

Handelsrechtlich darf keine Rückstellung gebildet werden, weil nach dem Wortlaut des § 249 Abs. 1 Nr. 1 HGB die Arbeiten bis zum 31.03. des Folgejahres durchgeführt, d. h. beendet sein müssen.

Steuerrechtlich ist eine Rückstellungsbildung ebenfalls ausgeschlossen.

AUFGABE 8

Die Rückstellung muss gemäß § 6 EStG „angespart" werden (H 6.11 „Ansammlung"):

2021 ⅕ von 40.000,00 € = 8.000,00 €

2022 ⅖ von 42.000,00 € = 16.800,00 € (Zuführung zum Bestand: 8.800,00 €)

AUFGABE 9

Es besteht eine gesetzliche Pflicht zur Aufbewahrung der Unterlagen (H 6.11 „Aufbewahrung von Geschäftsunterlagen"); eine entsprechende Aufwandsrückstellung ist zu bilden.

Für die am Bilanzstichtag noch aufzubewahrenden Unterlagen entstehen durchschnittlich die wie folgt zu bestimmenden Kosten:

Geschäftsbriefe: 6 Jahre = (1 + 6) : 2 = 3,5 Jahre x 1.200,00 € = 4.200,00 €

Geschäftsbücher: 10 Jahre = (1 + 10) : 2 = 5,5 Jahre x 800,00 € = 4.400,00 €

Summe: **8.600,00 €**

Zusammenfassende Erfolgskontrolle

Tz.	Sollkonto	Betrag (€)	Habenkonto
1.	**7320** (2120) Zinsaufwendungen	2.500,00	**3500** (1700) Sonstige Verbindlichk.
2.	In 2021 erfolgt keine Buchung.		Die Buchung erfolgt in 2022.
3.	**2100** (1800) Privatentnahmen	925,00	**4645** (8921) Verwendung von G.
	2100 (1800) Privatentnahmen	175,75	**3806** (1776) Umsatzsteuer 19 %
	2100 (1800) Privatentnahmen	125,00	**4639** (8924) Verwendung von G.
4.	**1940** (0986) Damnum/Disagio	2.500,00	**7324** (2124) Abschr. auf Disagio
	7324 (2124) Abschr. auf Disagio	250,00	**1940** (0986) Damnum/Disagio
5.	**2100** (1800) Privatentnahmen	1.800,00	**4620** (8910) Entnahme durch d. U.
	2100 (1800) Privatentnahmen	342,00	**3806** (1776) Umsatzsteuer 19 %
6a)	**1510** (1348) Wertpapiere UV	19.734,00	**1800** (1200) Bank
	1300 (1500) Sonstige Vermög.	300,00	**1800** (1200) Bank
6b)	**1300** (1500) Sonstige Vermög.	150,00	**7100** (2650) Zinserträge
6c)	Keine Buchung, weil der höhere Teilwert nicht angesetzt werden darf.		
7a)	**6000** (4100) Löhne u. Gehälter	1.557,00	**3730** (1741) Verb. aus LSt/KiSt
	6000 (4100) Löhne u. Gehälter	1.816,20	**3740** (1742) Verb. i. R. d. s. S.
	6000 (4100) Löhne u. Gehälter	7.742,80	**1800** (1200) Bank
7b)	**6110** (4130) Ges. soz. Aufw.	1.716,20	**3740** (1742) Verb. i. R. d. s. S.
8.	**3300** (1600) Verbindlichk. aLuL	800,00	**5740** (3740) Erhaltene Boni
	3300 (1600) Verbindlichk. aLuL	152,00	**1406** (1576) Vorsteuer 19 %
9.	**1248** (0996) Pauschalwertber.	1.213,00	**4920** (2730) Erträge PWB
10a)	**7610** (4320) Gewerbesteuer	10.000,00	**3500** (1700) Sonstige Verbindlichk.
	6430 (4390) Sonstige Abgaben	200,00	**3500** (1700) Sonstige Verbindlichk.
10b)	**7610** (4320) Gewerbesteuer	4.500,00	**3035** (0956) GewSt-Rückst.
11a)	**6220** (4830) Abschreibungen	9.600,00	**0240** (0090) Geschäftsbauten
11b)	**6220** (4830) Abschreibungen	18.400,00	**0520** (0320) Pkw
11c)	**6220** (4830) Abschreibungen	16.000,00	**0690** (0410) Geschäftsausst.
11d)	**6262** (4830) Abschreibungen	480,00	**0675** (0485) WG Sammelposten
12.	**3806** (1776) USt 19 %	19.278,00	**1406** (1576) Vorsteuer 19 %
13.	**2000** (0800) Eigenkapital	63.367,75	**2100** (1800) Privatentnahmen
14.	**5740** (3740) Erhaltene Boni	24.200,00	**5200** (3200) Wareneingang
15.	**1140** (3980) Bestand Waren	3.007,20	**5200** (3200) Wareneingang

<u>zu 11d)</u>: 20 % von 2.400 € = **480 €** (§ 6 Abs. 2a EStG)

Konto-Nr. SKR 04	Umbuchungen		Saldenbilanz II	Schlussbilanz		GuV-Rechnung	
	S	H	S/H	A	P	A	E
0235			10.000,00 S	10.000,00			
0240		9.600,00	340.400,00 S	340.400,00			
0520		18.400,00	68.600,00 S	68.600,00			
0675		480,00	1.920,00 S	1.920,00			
0690		16.000,00	89.000,00 S	89.000,00			
1140	3.007,20		23.007,20 S	23.007,20			
1200			290.000,00 S	290.000,00			
1248	1.213,00		2.473,00 H		2.437,00		
1300	450,00		15.650,00 S	15.650,00			
1406		19.430,00					
1510	19.734,00		19.734,00 S	19.734,00			
1600			10.000,00 S				
1800		27.776,80	10.943,20 S	10.000,00			
1940	2.500,00	250,00	2.250,00 S	10.943,20			
2000	63.367,75		58.902,25 H	2.250,00	58.902,25		
2100	3.367,75	63.367,75					
3035		4.500,00	4.500,00 H		4.500,00		
3160			190.000,00 H		190.000,00		
3300	952,00		510.448,00 H		510.448,00		
3500		12.700,00	25.420,00 H		25.420,00		
3730		1.557,00	1.557,00 H		1.557,00		
3740		3.532,40	3.532,40 H		3.352,40		
3770							
3806	19.278,00	517,75	11.609,75 H		11.609,75		
4200			1.598.000,00 H				1.598.000
4620		1.800,00	1.800,00 H				1.800
4639		125,00	125,00 H				125
4645		925,00	925,00 H				925
4920		1.213,00	1.213,00 H				1.213
5200		27.207,20	1.277.572,80 S			1.277.572,80	
5740	24.200,00	800,00					
6000	11.116,00		85.866,00 S			85.866,00	
6110	1.716,20		31.716,20 S			31.716,20	
6220	44.000,00		44.000,00 S			44.000,00	
6262	480,00		480,00 S			480,00	
6305			23.860,00 S			23.860,00	
6350			2.480,00 S			2.480,00	
6430	200,00		200,00 S			200,00	
6500			18.270,00 S			18.270,00	
6960			7.770,00 S			7.770,00	
7100		150,00	150,00 H				150
7320	2.500,00		2.500,00 S			2.500,00	
7324	250,00	2.500,00	11.290,00 S			11.290,00	
7610	14.500,00		23.110,00 S			**23.110,00**	
	213.131,90	213.131,90	2.410.619,40 S	881.504,40	808.406,40	1.529.115,00	1.602.213
			2.410.619,40 H				
				Gewinn	**73.098,00**	**73.098,00**	

Anmerkung: Der **steuerliche** Gewinn beträgt **96.208 €** (73.098 € + 23.110 €)

52 Lehrbuch 220/221

10 Bilanzierung des Eigenkapitals

10.1 Bilanzierung der Entnahmen und Einlagen

AUFGABE 1

1. Es liegt eine **Entnahme** (EStG) und eine steuerpflichtige **unentgeltliche Leistung** (UStG) vor.
2. Es liegt eine **Entnahme** und eine steuerpflichtige **unentgeltliche Leistung** vor.
3. Es liegt eine **Entnahme, aber keine** steuerpflichtige **unentgeltliche Leistung** vor.
4. Es liegt eine **Entnahme, aber keine unentgeltliche Leistung** vor.

AUFGABE 2

Sollkonto	Betrag (€)	Habenkonto
2100 (1800) Privatentnahmen	1.000,00	**4645** (8921) Verwendung von Gegenst.
2100 (1800) Privatentnahmen	190,00	**3806** (1776) Umsatzsteuer 19 %
2100 (1800) Privatentnahmen	400,00	**4639** (8924) Verwendung von Gegenst. **ohne** USt (Kfz-Nutzung)

$$\frac{4.000 \text{ km x } 100}{40.000 \text{ km}} = 10\% \text{ von } 10.000 \text{€} = \mathbf{1.000€}$$

USt: 1.000 € x 19 % = **190€**

10 % von 4.000 € = **400€**

AUFGABE 3

Sollkonto	Betrag (€)	Habenkonto
2100 (1800) Privatentnahmen	5.875,20	**4645** (8921) Verwendung von Gegenst.
2100 (1800) Privatentnahmen	1.116,29	**3806** (1776) Umsatzsteuer 19 %
2100 (1800) Privatentnahmen	1.468,80	**4639** (8924) Verwendung von Gegenst. **ohne** USt (Kfz-Nutzung)

	Brutto-Listenpreis des Pkws	58.881,60 €
+	Schiebedach (Sonderausstattung)	2.320,00 €
	insgesamt	61.201,60 €
	abgerundet auf 100 Euro	61.200,00 €
	davon 1 % = Privatanteil für einen Monat	612,00 €
	Privatanteil für ein Jahr (612 € x 12)	7.344,00 €

	1 % von 61.200 € = 612 € x 12 =	7.344,00 €	
−	20 % von 7.344 €	− **1.468,80 €**	(nicht steuerbar)
=	Jahres-Bemessungsgrundlage	**5.875,20 €**	(steuerbar)
+	19 % USt	**1.116,29 €**	

Lehrbuch 221

AUFGABE 4

Sollkonto	Betrag (€)	Habenkonto
6805 (4920) Telefon	360,00*	
1406 (1576) Vorsteuer 19 %	68,40**	
2100 (1800) Privatentnahmen	47,60***	
	476,00	**1800** (1200) Bank

*	400 € – 40,00 € (10 % von 400 €) =	**360,00 €**
**	76 € – 7,60 € (10 % von 76 €) =	**68,40 €**
***	40 € + 7,60 € =	**47,60 €**

AUFGABE 5

Das Grundstück darf **höchstens** mit den **Anschaffungskosten** in Höhe von **33.000 €** angesetzt werden, weil es **innerhalb der letzten drei Jahre** angeschafft worden ist.

AUFGABE 6

zu 1.

	Anschaffungskosten 02.07.2019	23.800,00 €
–	AfA für 2 Jahre (16⅔ % von 23.800 € x 2)	– 7.933,33 €
=	fortgeführte AK	**15.866,67 €**

Da die **fortgeführten AK** niedriger sind als der Teilwert, muss die Einlage mit **15.866,67 €** bewertet werden.

zu 2.

Sollkonto	Betrag (€)	Habenkonto
0520 (0320) Pkw	15.866,67	**2180** (1890) Privateinlagen

AUFGABE 7

1. Der **Schreibtisch** ist mit dem **Teilwert** von **200 €** anzusetzen, weil er **nach** Ablauf von drei Jahren nach der Anschaffung in das Betriebsvermögen eingelegt worden ist.
2. Das **Regal** hat einen **Einlagewert** von **0 €**, weil es als GWG bereits abgesetzt und **innerhalb** von drei Jahren in das Betriebsvermögen eingelegt worden ist.

AUFGABE 8

1. Im Sinne des EStG liegt eine Entnahme (§ 4 Abs. 1 EStG) vor, weil der PC aus dem Betriebsvermögen entnommen wurde.
2. Im Sinne des UStG liegt keine unentgeltliche Wertabgabe vor, weil der PC nicht aus dem Unternehmensvermögen entnommen wird. Eine Vorsteuerberichtigung nach § 15a UStG muss nicht geprüft werden, weil der Berichtigungszeitraum (5 Jahre) abgelaufen ist.

Lehrbuch 222/223/224

Zusammenfassende Erfolgskontrolle

Tz.	Sollkonto	Betrag (€)	Habenkonto
1.	**6000** (4100) Löhne u. Gehälter	38.427,00	**3500** (1700) Sonstige Verbindlichk.
	6000 (4100) Löhne u. Gehälter	10.273,00	**3730** (1741) Verb. aus LSt/KiSt
	6000 (4100) Löhne u. Gehälter	11.800,00	**3740** (1742) Verb. i. R. d. s. S.
	6110 (4130) Ges. soz. Aufw.	11.600,00	**3740** (1742) Verb. i. R. d. s. S.
2.	**2100** (1800) Privatentnahmen	2.200,00	**4645** (8921) Verwendung von G.
	2100 (1800) Privatentnahmen	418,00	**3806** (1776) Umsatzsteuer 19 %
	2100 (1800) Privatentnahmen	600,00	**4639** (8924) Verwendung von G.
3.	**6000** (4100) Löhne u. Gehälter	8.500,00	**3500** (1700) Sonstige Verbindlichk.
4.	**7320** (2120) Zinsaufwendungen	18.700,00	**3160** (0640) Verb. geg. Kreditinst.
5.	**6644** (4654) Nicht abzugsf. BK	3.000,00	**6640** (4650) Bewirtungskosten
	1406 (1576) Vorsteuer 19 %	817,00	**6640** (4650) Bewirtungskosten
	6644 (4654) Nicht abzugsf. BK	570,00	**6640** (4650) Bewirtungskosten
	6644 (4654) Nicht abzugsf. BK	1.290,00	**6640** (4650) Bewirtungskosten
6.	**2100** (1800) Privatentnahmen	1.580,00	**3845** (1791) Ust frühere Jahre
7.	**1300** (1500) Sonst. Vermög.	25.000,00	**5200** (3200) Wareneingang
8.	**1240** (1460) Zweifelhafte. Ford.	11.900,00	**1200** (1400) Forderungen aLuL
	6910 (4886) Abschr. UV	8.000,00	**1246** (0998) Einzelwertber.
9.	**6930** (2400) Forderungsverluste	5.000,00	**1200** (1400) Forderungen aLuL
	3806 (1776) USt 19 %	950,00	**1200** (1400) Forderungen aLuL
10.	**6920** (2450) Einstellung in PWB	400,00	**1248** (0996) Pauschalwertber.
11.	**7610** (4320) Gewerbesteuer	7.325,00	**3035** (0956) GewSt-Rückst.
12.	**6221** (4831) Abschreibungen*	35.200,00	**0240** (0090) Geschäftsbauten
	6222 (4832) Abschreibungen*	44.300,00	**0520** (0320) Pkw
	6220 (4830) Abschreibungen	20.000,00	**0690** (0410) Geschäftsausst.
13.	**2000** (0800) Eigenkapital	114.798,00	**2100** (1800) Privatentnahmen
14.	**3806** (1776) USt 19 %	26.598,00	**1406** (1576) Vorsteuer 19 %
15.	**5200** (3200) Wareneingang	2.200,00	**1140** (3980) Bestand Waren

* In der Hauptabschlussübersicht (Seite 56) werden die Beträge auf dem Konto **6220** erfasst.

zu 2.

$$\frac{11.000 € \times 6.000 \text{ km}}{30.000 \text{ km}} = 2.200 €$$

USt: 2.200 € x 19 % = **418 €**

$$\frac{3.000 € \times 6.000 \text{ km}}{30.000 \text{ km}} = 600 €$$

zu 4.

	Saldo 31.12.2021	936.750 €
−	Saldo lt. Saldenbilanz	918.050 €
=	Zinsen	18.700 €

zu 5.

	Bewirtungskosten insgesamt, netto (8.687 € : 1,19)	7.300 €
−	Aufwendungen , netto (3.570 € : 1,19) unangemessene BK	− 3.000 €
=	angemessene BK	4.300 €
	abzugsfähige Bewirtungskosten (70 % von 4.300 €)	3.010 €
	nicht abzugsfähige BK (30 % von 4.300 €)	1.290 €
	abzugsfähige Vorsteuer (19 % von 4.300 €)	817 €
	nicht abzugsfähige Vorsteuer (19 % v. 3.000 €)	570 €

zu 10.

	Forderungen aLuL	577.150 €
−	Tz. 8	− 11.900 €
−	Tz. 9	− 5.950 €
=	einwandfreie Forderungen	559.300 €
−	Umsatzsteuer	− 89.300 €
=	Bemessungsgrundlage	470.000 €
	Pauschalwertberichtigungsstand 31.12.2021 (1 % von 470.000 €)	4.700 €
−	Pauschalwertberichtigungsstand 31.12.2020	4.300 €
=	**Zuführung** zur Pauschalwertberichtigung	**400 €**

Konto-Nr. SKR 04	Umbuchungen		Saldenbilanz II	Schlussbilanz		GuV-Rechnung	
	S	H	S/H	A	P	A	E
0235			186.000 S	186.000			
0240		35.200	460.800 S	460.800			
0520		44.300	60.700 S	60.700			
0675							
0690		20.000	90.000 S	90.000			
1140		2.200	378.100 S	378.100			
1200		17.850	559.300 S	559.300			
1240	11.900		11.900 S	11.900			
1246		8.000	8.000 H		8.000		
1248		400	4.700 H		4.700		
1300	25.000		33.000 S	33.000			
1406	817	26.598					
1530							
1600			10.000 S	10.000			
1800			31.350 S	31.350			
2000	114.798		107.702 H		107.702		
2100	4.798	114.798					
3035		7.325	7.325 H		7.325		
3160		18.700	936.750 H		936.750		
3300			438.700 H		438.700		
3500		46.927	139.227 H		139.227		
3730		10.273	10.273 H		10.273		
3740		23.400	23.400 H		23.400		
3770							
3806	27.548	418	19.720 H		19.720		
3845		1.580	1.580 H		1.580		
4200			3.156.000 H				3.156.000
4639		600	600 H				600
4645		2.200	2.200 H				2.200
4660							
5200	2.200	25.000	1.727.200 S			1.727.200	
6000	69.000		769.532 S			769.532	
6110	11.600		91.800 S			91.800	
6220	99.500		99.500 S			99.500	
6305			189.800 S			189.800	
6350			10.000 S			10.000	
6500			40.800 S			40.800	
6640		5.677	3.010 S			3.010	
6644	4.860		4.860 S			4.860	
6910	8.000		8.000 S			8.000	
6920	400		400 S			400	
6930	5.000		5.000 S			5.000	
7320	18.700		73.900 S			73.900	
7610	7.325		11.225 S			11.225	
	411.446	411.446	4.856.177 S 4.856.177 H	1.821.150	1.697.377	3.035.027	3.158.800
				Gewinn	**123.773**	**123.773**	
				1.821.150	1.821.150	3.158.800	3.158.800

10.2 Rücklagen

A U F G A B E 1

zu 1.

Erträge	73.800.000,00 €
− Aufwendungen	− 67.500.000,00 €
= Jahresüberschuss	6.300.000,00 €
davon 5 % =	**315.000,00 €**

Diese **315.000 €** sind in die **gesetzliche Rücklage** einzustellen, da die Summe der gesetzlichen Rücklage und der Kapitalrücklage noch nicht 10 % des Grundkapitals entspricht.

zu 2.

Sollkonto	Betrag (€)	Habenkonto
7765 (2496) Einstellung in die gesetzliche Rücklage	315.000,00	**2930** (0846) Gesetzliche Rücklage

A U F G A B E 2

Tz.	Sollkonto	Betrag (€)	Habenkonto
1.	**6220** (4830) Abschreibungen	6.400,00	**0440** (0210) Maschinen
2.	**6230** (4840) Außerplan. Abschr.	30.000,00	**0440** (0210) Maschinen
3.	**1800** (1200) Bank	65.000,00	**4830** (2700) Sonst. betr. Erträge
4.	**6925** (2340) Einst. in Sonderp.	35.000,00	**2982** (0932) Sonderposten mit R.
5.	**0440** (0210) Maschinen	172.640,00	**3300** (1600) Verbindl. aLuL
6.	**1406** (1576) Vorsteuer 19 %	32.801,00	**3300** (1600) Verbindl. aLuL
7.	**6220** (4830) Abschreibungen	35.000,00	**0440** (0210) Maschinen
8.	**2982** (0932) Sonderposten mit R.	35.000,00	**4935** (2740) Erträge aus der A.
	6220 (4830) Abschreibungen	28.675,00	**0440** (0210) Maschinen

zu Tz. 8.

AK Ersatzmaschine	172.640,00 €
− Rücklage für Ersatzbeschaffung	− 35.000,00 €
= Bemessungsgrundlage	137.640,00 €
25 % von 137.640,00 € = 34.410 € x $^{10}/_{12}$ =	**28.675,00 €**

Um einen möglichst niedrigen Gewinn zu erzielen, wird die neue Maschine **degressiv** abgeschrieben. Der degressive AfA-Satz beträgt das 2,5-fache des linearen AfA-Satzes, höchstens 25 %.

Hinweis: In der **Handelsbilanz** darf seit dem Jahre 2010 ein Sonderposten mit Rücklageanteil **nicht** mehr ausgewiesen werden.

58 | Lehrbuch 237/243

AUFGABE 3

Tz.	Sollkonto	Betrag (€)	Habenkonto
1.	**1800** (1200) Bank	200.000,00	**0215** (0065) Unbeb. Grundstücke
	1800 (1200) Bank	300.000,00	**2981** (0931) Sonderposten mit R.
2.	**0215** (0065) Unbeb. Grundstücke	800.000,00	**1800** (1200) Bank
	2981 (0931) Sonderposten mit R.	300.000,00	**0215** (0065) Unbeb. Grundstücke

<u>Hinweis:</u> In der **Handelsbilanz** darf seit dem Jahre 2010 ein Sonderposten mit Rücklageanteil **nicht** mehr ausgewiesen werden.

11 Latente Steuern

AUFGABE 1

<u>zu 1.</u>

Die gesunkenen Verkaufspreise sind im handelsrechtlichen Jahresabschluss durch eine Rückstellung für drohende Verluste aus schwebenden Geschäften (Drohverlustrückstellung) zu berücksichtigen.

Die Höhe der Rückstellung beträgt 200.000 € [(800 € – 600 €) x 1.000].

<u>zu 2.</u>

Steuerrechtlich besteht ein Passivierungsverbot für Drohverlustrückstellungen (§ 5 Abs. 4a EStG). Der steuerrechtliche Erfolg ist somit um 200.000 € höher als der handelsrechtliche Erfolg.

<u>zu 3.</u>

Die unterschiedliche Behandlung in der Handels- und Steuerbilanz führt zu einer temporären Differenz in den Wertansätzen, die sich mit der Inanspruchnahme der handelsrechtlichen Drohverlustrückstellung abbaut. Der Ansatzunterschied führt zum 31.12.2021 zu einer aktiven latenten Steuer, da der Wertansatz der Rückstellung (als Passivposten) in der Steuerbilanz (0 €) niedriger ist als der in der Handelsbilanz (200.000 €). Die aktive latente Steuer beträgt 50.000 € (200.000 € x 25 %).

<u>zu 4.</u>

In 2022 ist die aktive latente Steuer vollständig aufzulösen. Es besteht nach der Inanspruchnahme der handelsrechtlichen Drohverlustrückstellung keine temporäre Differenz mehr in den Wertansätzen in der Handels- und in der Steuerbilanz.

<u>zu 5.</u>

Buchungssatz 31.12.2021:

Sollkonto	Betrag (€)	Habenkonto
1950 (0983) Aktive latente Steuern	50.000,00	**7649** (2255) Erträge aus d. Zuführung u. Aufl. von lat. Steuern

Buchung 31.12.2021

S	1950 (0983) **Aktive latente Steuern**	H		S	7649 (2255) **Erträge aus der Zuführung und Aufl. von latenten Steuern**	H
50.000,00						50.000,00

Buchungssatz 31.12.2022

Sollkonto	Betrag (€)	Habenkonto
7645 (2250) Aufw. aus d. Zuführung u. Aufl. von lat. Steuern	50.000,00	**1950** (0983) Aktive latente Steuern

Buchung 31.12.2022:

S	7645 (2250) **Aufw. aus der Zuführung und Aufl. von latenten Steuern**	H		S	1950 (0983) **Aktive latente Steuern**	H
50.000,00				SV	50.000,00	50.000,00

AUFGABE 2

zu 1.

In der Steuerbilanz unterliegen immaterielle Wirtschaftsgüter des Anlagevermögens, die nicht entgeltlich erworben wurden, einem Aktivierungsverbot (§ 5 Abs. 2 EStG). Entsprechend erfolgt kein Ansatz in der Steuerbilanz. Die Herstellungskosten stellen in 2021 in der Steuerbilanz in voller Höhe abzugsfähige Betriebsausgaben dar.

zu 2.

Es liegt ein Unterschied im Ansatz eines Vermögensgegenstandes zwischen Handels- und Steuerbilanz vor. Dieser Ansatzunterschied baut sich durch die Abschreibung in der Handelsbilanz zukünftig ab.

Der Ansatzunterschied führt zum 31.12.2021 zu einer passiven latenten Steuer, da der Wertansatz des Patentes (als Aktivposten) in der Steuerbilanz (0 €) niedriger ist als der in der Handelsbilanz (400.000 €).

Die passive latente Steuer beträgt zum 31.12.2021 100.000 € (400.000 € x 25 %).

zu 3.

Zum 31.12.2022 beträgt die Differenz im Wertansatz zwischen Handels- und Steuerbilanz 360.000 € (HK 400.000 € – Abschreibung in Höhe von 40.000 €). Der Bilanzposten der passiven latenten Steuer beläuft sich daher auf 90.000 € (360.000 € x 25 %) und ist entsprechend um 10.000 € aufzulösen (100.000 € – 90.000 €).

zu 4.

Buchungssatz 31.12.2021:

Sollkonto	Betrag (€)	Habenkonto
7645 (2250) Aufw. aus d. Zuführung u. Aufl. von lat. Steuern	100.000,00	**3065** (0968) Passive latente Steuern

Buchung 31.12.2021

S	7645 (2250) **Aufw. aus der Zuführung und Aufl. von latenten Steuern**	H	S	3065 (0968) **Passive latente Steuern**	H
100.000,00					100.000,00

Buchungssatz 31.12.2022:

Sollkonto	Betrag (€)	Habenkonto
3065 (0968) Passive latente Steuern	10.000,00	**7649** (2255) Erträge aus d. Zuführung u. Aufl. von lat. Steuern

Buchung 31.12.2022:

S	3065 (0968) **Passive latente Steuern**	H	S	7649 (2255) **Erträge aus der Zuführung und Aufl. von latenten Steuern**	H
10.000,00	SV 100.000,00				**10.000,00**

A U F G A B E 3

Bilanz-stichtag	Ansatz HB (€)	Ansatz StB (€)	Differenz (€)	Reflex-wirkung (€)	Ergebnis-unterschied (€)	%	Latente Steuer (€)
31.12.21	800.000	900.000	- 100.000	0	- 100.000	30	- 30.000
31.12.22	0	0		100.000	+ 100.000	30	30.000

Buchungssatz 31.12.2021:

Sollkonto	Betrag (€)	Habenkonto
7645 (2250) Aufw. aus d. Zuführung u. Aufl. von lat. Steuern	30.000	**3065** (0968) **Passive latente Steuern**

Buchungssatz 31.12.2022:

Sollkonto	Betrag (€)	Habenkonto
3065 (0968) **Passive latente Steuern**	30.000	**7649** (2255) Erträge. aus d. Zuführung u. Aufl. von lat. Steuern

12 Gesellschaftsabschlüsse

12.1 Abschluss und Gewinnverteilung bei der OHG

AUFGABE 1

Gesellschafter	Kapitalanteil	4 % Zins auf Kapitalanteil	Restgewinn (nach Köpfen)	Gesamtgewinn
	€	€	€	€
A	145.000,00	5.800,00	59.666,67	65.466,67
B	120.000,00	4.800,00	59.666,66	64.466,66
C	130.000,00	5.200,00	59.666,67	64.866,67
	395.000,00	15.800,00	179.000,00	194.800,00

AUFGABE 2

Der Gewinn reicht nicht aus, um die Kapitalanteile mit 4 % zu verzinsen. Es ist nur eine Verzinsung mit 3,5 % möglich.

Gesellschafter	Kapitalanteil	3,5 % Zins auf Kapitalanteil	Gesamtgewinn
	€	€	€
A	145.000,00	5.075,00	5.075,00
B	120.000,00	4.200,00	4.200,00
C	130.000,00	4.550,00	4.550,00
	395.000,00	13.825,00	13.825,00

AUFGABE 3

Der Verlust ist nach Köpfen zu verteilen.

Gesellschafter	Gesamtverlust in €
A	25.368,00
B	25.368,00
C	25.368,00
	76.104,00

62 Lehrbuch 263/264

AUFGABE 4

Gesell-schafter	Kapitalanteil	4 % Zins auf Kapitalanteil	4 % Zins auf Einlagen und Entnahmen	Restgewinn (nach Köpfen)	Gesamtgewinn
	€	€	€	€	€
D	170.000,00	6.800,00	+ 10,00 − 215,00	78.896,11	85.491,11
E	185.000,00	7.400,00	− 123,33	78.896,11	86.172,78
F	155.000,00	6.200,00	+ 20,00 − 280,00	78.896,11	84.836,11
	510.000,00	20.400,00	− 588,33	236.688,33	256.500,00

AUFGABE 5

Gesell-schafter	Kapitalanteil	Vorweggewinn (Jahresgehalt)	6 % Zins auf Kapitalanteil	Restgewinn	Gesamtgewinn
	€	€	€	€	€
G	200.000,00	48.000,00	12.000,00	45.158,58	105.158,58
H	150.000,00	48.000,00	9.000,00	30.105,71	87.105,71
I	125.000,00	36.000,00	7.500,00	30.105,71	73.605,71
	475.000,00	132.000,00	28.500,00	105.370,00	265.870,00

AUFGABE 6

zu a)

S	2001 (0871) Kapitalkonto D		H
		AB	170.000,00

S	2002 (0872) Kapitalkonto E		H
		AB	185.000,00

S	2003 (0873) Kapitalkonto F		H
		AB	155.000,00

zu b)

S	2101 (1801) Privatkonto D			H
31.01.	4.500,00	31.10.	1.500,00	
31.05.	1.000,00	GuVK	85.491,11	
30.08.	2.000,00			

S	2102 (1802) Privatkonto E			H
31.01.	1.000,00	GuVK	86.172,78	
31.05.	2.000,00			
31.08.	3.000,00			

S	2103 (1803) Privatkonto F			H
31.01.	6.000,00	31.10.	3.000,00	
31.05.	2.000,00	GuVK	84.836,11	
30.08.	1.000,00			

zu c) und d)

S	GuVK		H
Aufwendungen	1.348.740,00	Erträge	1.605.240,00
1801 (2101)	85.491,11		
1802 (2102)	86.172,78		
1803 (2103)	84.836,11		
	1.605.240,00		1.605.240,00

A U F G A B E 7

Sollkonto	Betrag (€)	Habenkonto
9999 (9999) GuVK	105.158,58	**2101** (1801) Privatkonto G
9999 (9999) GuVK	87.105,71	**2102** (1802) Privatkonto H
9999 (9999) GuVK	73.605,71	**2103** (1803) Privatkonto I

Lehrbuch 264

AUFGABE 8

zu 1.

Sollkonto	Betrag (€)	Habenkonto
2101 (1801) Privatkonto D **2001** (0871) Kapitalkonto D	79.491,11 249.491,11	**2001** (0871) Kapitalkonto D **9998** (9998) SBK
2102 (1802) Privatkonto E **2002** (0872) Kapitalkonto E	80.172,78 265.172,78	**2002** (0872) Kapitalkonto E **9998** (9998) SBK
2103 (1803) Privatkonto F **2003** (0873) Kapitalkonto F	78.836,11 233.836,11	**2003** (0873) Kapitalkonto F **9998** (9998) SBK

zu 2.

S	**2001** (0871) **Kapitalkonto D**		H
SBK	249.491,11	AB	170.000,00
			79.491,11
	249.491,11		249.491,11

S	**2002** (0872) **Kapitalkonto E**		H
SBK	265.172,78	AB	185.000,00
			80.172,78
	265.172,78		265.172,78

S	**2003** (0873) **Kapitalkonto F**		H
SBK	233.836,11	AB	155.000,00
			78.836,11
	233.836,11		233.836,11

S	**2101** (1801) **Privatkonto D**	H
	7.500,00	86.991,11
	79.491,11	
	86.991,11	86.991,11

S	**2102** (1802) **Privatkonto E**	H
	6.000,00	86.172,78
	80.172,78	
	86.172,78	86.172,78

S	**2103** (1803) **Privatkonto F**	H
	9.000,00	87.836,11
	78.836,11	
	87.836,11	87.836,11

S	**9998** (9998) **SBK**	H
	Kapitalkonto D	249.491,11
	Kapitalkonto E	265.172,78
	Kapitalkonto F	233.836,11

12.2 Abschluss und Gewinnverteilung bei der KG

AUFGABE 9

Gesell-schafter	Kapitalanteil	8 % Zins auf Kapitalanteil	Vorweg-gewinn	Restgewinn	Gesamt-gewinn
	€	€	€	€	€
A	250.000	20.000	38.508	36.101,25	94.609,25
B	150.000	12.000		21.660,75	33.660,75
	400.000	32.000	38.508	57.762,00	128.270,00

AUFGABE 10

Sollkonto	Betrag (€)	Habenkonto
9999 (9999) GuVK	121.450,00	**2011** (0881) Var. Kapitalkonto
9999 (9999) GuVK	48.750,00	**3501** (1701) Verbindlichkeit T

AUFGABE 11

Tz.	Sollkonto	Betrag (€)	Habenkonto
1.	**2001** (0871) Festes Kapitalkonto	45.710,00	**9999** (9999) GuVK
	2051 (0901) Festes Kapitalkonto	21.610,00	**9999** (9999) GuVK
2.	**9999** (9999) GuVK	45.710,00	**2001** (0871) Festes Kapitalkonto
	9999 (9999) GuVK	29.520,00	**2011** (0881) Var. Kapitalkonto
	9999 (9999) GuVK	21.610,00	**2051** (0901) Festes Kapitalkonto
	9999 (9999) GuVK	1.450,00	**3501** (1701) Verbindlichkeit T

AUFGABE 12

S	**2001** (0871) **Festes Kapitalkonto V**	H		S	**2051** (0901) **Festes Kapitalkonto T**	H
2)	300.000,00	AB 300.000,00		2)	150.000,00	AB 150.000,00

S	**2011** (0881) **Var. Kapitalkonto V**	H		S	**3501** (1701) **Verbindlichkeit T**	H
	15.000,00	1) 121.450,00		2)	48.750,00	1) 48.750,00
2)	106.450,00					
	121.450,00	121.450,00				

S	**9999** (9999) **GuVK**	H		S	**9998** (9998) **SBK**	H
1)	121.450,00				2)	300.000,00
1)	48.750,00				2)	150.000,00
					2)	106.450,00
					2)	48.750,00

Sollkonto	Betrag (€)	Habenkonto
2001 (0871) Festes Kapitalkonto	300.000,00	**9998** (9998) SBK
2051 (0901) Festes Kapitalkonto	150.000,00	**9998** (9998) SBK
2011 (0881) Var. Kapitalkonto	106.450,00	**9998** (9998) SBK
3501 (1701) Verbindlichkeit T	48.750,00	**9998** (9998) SBK

AUFGABE 13

Sollkonto	Betrag (€)	Habenkonto
2001 (0871) Festes Kapitalkonto	17.170,00	**2101** (1801) Privatkonto
2001 (0871) Festes Kapitalkonto	417.170,00	**9998** (9998) SBK
2051 (0901) Festes Kapitalkonto	200.000,00	**9998** (9998) SBK
3501 (1701) Verbindlichkeit T	27.130,00	**9998** (9998) SBK

12.3 Abschluss und Gewinnverteilung bei der GmbH

AUFGABE 14

zu 1.

Aktiva	Bilanz der X-GmbH zum 31.12.2021		Passiva
A. Anlagevermögen:		**A. Eigenkapital:**	
		I. Gezeichnetes	
B. Umlaufvermögen:		Kapital	1.000.000	
II. Forderungen und sonstige		– nicht eingeforderte	
Vermögensgegenstände:		ausstehende	
5. Eingefordertes, noch		Einlage	250.000	
nicht eingezahltes		= eingefordertes Kapital	750.000,00
Kapital	150.000,00		

zu 2.

Sollkonto	Betrag (€)	Habenkonto
2910 (0820) Ausstehende Einlagen, nicht eingefordert	250.000,00	**2900** (0800) Gezeichnetes Kapital
1298 (0830) Ausstehende Einlagen eingefordert	150.000,00	**2900** (0800) Gezeichnetes Kapital

AUFGABE 15

zu 1.

Jahresüberschuss **nach Steuern**	418.560 €
– Einstellung in die Gewinnrücklage	– 18.560 €
= **Bilanzgewinn per 31.12.2021**	**400.000 €**
– Gewinnausschüttung (2 x 200.000 €)	– 400.000 €
= Gewinnvortrag auf 2022	0 €

zu 2.

	X €	Y €	gesamt €
Bar-Dividende	200.000,00	200.000,00	400.000,00
− 25 % Abgeltungsteuer	50.000,00	50.000,00	100.000,00
− 5,5 % Solidaritätszuschlag	2.750,00	2.750,00	5.500,00
= Netto-Dividende (Banküberweisung)	**147.250,00**	**147.250,00**	**294.500,00**

zu 3.

Tz.	Sollkonto	Betrag (€)	Habenkonto
1.	**9000** (9000) Saldenvorträge	418.560,00	**2970** (0860) Gewinnvortrag vor Verwendung
2.	**2970** (0860) Gewinnvortrag vor Verwendung	418.560,00 18.560,00 400.000,00	**2960** (0855) Andere Gewinn-rücklagen **3519** (0755) Verbindl. gegenüber Gesellschaftern
3.	**3519** (0755) Verbindl. gegenüber Gesellschaftern	400.000,00 105.500,00 294.500,00	**3760** (1746) Verb. a. Einbeh. **1800** (1200) Bank
4.	**3760** (1746) Verb. a. Einbeh.	105.500,00	**1800** (1200) Bank

13 Wechsel der Gewinnermittlungsart

AUFGABE 1

Der Erwerb der Vorräte führte bei Zahlung des Kaufpreises im Dezember 2021 zu einer **Betriebsausgabe**, die den **Gewinn minderte**. In der Eröffnungsbilanz wird der noch nicht abgesetzte Warenbestand als Vorratsvermögen aktiviert. Der Verkauf der Waren in 2022 führt zu einem **Wareneinsatz** (**Aufwand**), der den Gewinn im Rahmen des Betriebsvermögensvergleichs **erneut mindert**.

Zur Vermeidung dieser **Doppelerfassung** erfolgt eine Berichtigung in Form einer **Hinzurechnung** zum Übergangsgewinn in Höhe von 10.000 €.

AUFGABE 2

Zu Anmerkung 1:

Gewinnaus-
wirkung in €

Die Warenverkäufe haben sich im Jahre 2021 nicht ausgewirkt. Da kein Geld geflossen ist, konnte Müsig bei der Gewinnermittlung nach EÜR keine Betriebseinnahmen erfassen.

0,00

Bei Bezahlung der Forderungen im Jahre 2022 wird folgende Buchung erfolgen:

Sollkonto	Betrag (€)	Habenkonto
1800 (1200) Bank	95.200 €	**1200** (1400) Forderungen aLuL

Die Buchung ist erfolgsneutral.

0,00

Bei der Ermittlung des Totalgewinns müssen die Betriebseinnahmen jedoch einmal erfasst werden: Hinzurechnung zum Übergangsgewinn

+ 95.200,00

Zu Anmerkung 2:

Gewinnaus-
wirkung in €

Die Wareneinkäufe haben sich im Jahre 2021 nicht ausgewirkt. Da kein Geld geflossen ist, konnte Müsig bei der Gewinnermittlung nach EÜR keine Betriebsausgaben erfassen.

0,00

Bei Bezahlung der Verbindlichkeiten im Jahre 2022 wird folgende Buchung erfolgen:

Sollkonto	Betrag (€)	Habenkonto
3300 (1600) Verbindl. aLuL	59.500 €	**1800** (1200) Bank

Die Buchung ist erfolgsneutral.

0,00

Bei der Ermittlung des Totalgewinns müssen die Betriebsausgaben jedoch einmal erfasst werden: Kürzung des Übergangsgewinns

– 59.500,00

Zu Anmerkung 3:

	Gewinnaus-wirkung in €
Die Mietzahlung wurde im Jahre 2021 im Rahmen der EÜR als Betriebsausgabe erfasst	– 10.000,00

Werden die Aktiven RAP im Jahre 2022 aufgelöst, erfolgt folgende Buchung:

Sollkonto	Betrag (€)	Habenkonto
6350 (4210) Mietaufw.	10.000 €	**1900** (0980) Aktive RAP

	Gewinnaus-wirkung in €
Die Buchung mindert den Gewinn	– 10.000,00
Bei der Ermittlung des Totalgewinns dürfen die Betriebsausgaben jedoch nur einmal erfasst werden: Hinzurechnung zum Übergangsgewinn	+ 10.000,00

Die **Einkünfte aus Gewerbebetrieb des Jahres 2022** ermitteln sich wie folgt:

Gewinn laut GuV-Rechnung des Jahres 2022		70.000,00 €
Korrekturen		
zu Anmerkung 1	+ 95.200,00 €	
zu Anmerkung 2	– 59.500,00 €	
zu Anmerkung 3	+ 10.000,00 €	
Summe (Übergangs**gewinn**):	45.700,00 €	45.700,00 €
Einkünfte aus Gewerbebetrieb:		115.700,00 €

Auf Antrag des Gewerbetreibenden kann der Übergangsgewinn, weil der Wechsel zum Betriebsvermögensvergleich erfolgte, in Höhe von 45.700 € gleichmäßig auf das Jahr des Übergangs (2022) und das folgende (2023) oder die beiden folgenden Wirtschaftsjahre (2022, 2023 und 2024) verteilt werden (R 4.6 Abs. 1 Satz 4 EStR 2012).

AUFGABE 3

1. Der Gewerbetreibende muss im VZ 2021 mindestens 130.000,00 € (120.000,00 + ⅓ von 30.000,00) ansetzen.
2. Der Gewerbetreibende kann aber auch maximal 150.000,00 € (120.000,00 + 30.000,00) ansetzen.
   Er könnte aber auch 135.000,00 € versteuern (120.000,00 + ½ von 30.000,00 €).

B. Betriebswirtschaftliche Auswertung

1 Sachliche Abgrenzung

AUFGABE 1

Tz.	Aufwendungen	neutrale Aufwendungen				Grund-kosten
		betriebs-fremde	perioden-fremde	außeror-dentliche	sonstige neutrale	
1.	Verlust aus dem Verkauf eines Teilbetriebs			x		
2.	Wareneinsatz					x
3.	Verlust aus Wertpapierver-kauf	x				
4.	Bürobedarf					x
5.	Löhne					x
6.	Gewerbesteuernachzahlung für das laufende Jahr					x
7.	Aufwand für eine größere Dachreparatur				x	
8.	Gewerbesteuernachzahlung für das Vorjahr		x			
9.	Porto					x

AUFGABE 2

Nr.	Posten	€	€
1.	Umsatzerlöse		3.425.000,00
2.	sonstige betriebliche Erträge		48.000,00
3.	Aufwendungen für Waren		1.800.000,00
4.	Personalaufwand:		
	a) Löhne und Gehälter	820.000,00	
	b) soziale Abgaben	130.000,00	950.000,00
5.	Abschreibungen auf Sachanlagen		105.000,00
6.	sonstige betriebliche Aufwendungen (30.000 + 60.000 + 40.000 + 207.000)		337.000,00
	Betriebsergebnis		**281.000,00**
7.	sonstige Zinsen und ähnliche Erträge		6.000,00
8.	Zinsen und ähnliche Aufwendungen		12.000,00
	Finanzergebnis		**– 6.000,00**
7.	Steuern vom Einkommen und Ertrag		60.000,00
8.	Ergebnis nach Steuern		215.000,00
9.	sonstige Steuern		30.000,00
10.	**Jahresüberschuss**		**185.000,00**

AUFGABE 3

	Erträge	11.015.000 €	
−	Neutrale Erträge	255.000 €	
=	Leistungen		10.760.000 €
	Aufwendungen	9.165.000 €	
−	Neutrale Aufwendungen	442.000 €	
−	Kostenrechnerische Korrektur*	100.000 €	
=	Kosten		8.623.000 €
	Leistungen − Kosten = Betriebsergebnis		**2.137.000 €**

_____
* Differenz zwischen der bilanziellen und kalkulatorischen Abschreibung

AUFGABE 4

Bilanzielle Abschreibung:
240.000 € : 10 Jahre x ¹⁄₁₂ =   **2.000 €**

Kalkulatorische Abschreibung:
270.000 € : 15 Jahre x ¹⁄₁₂ =   **1.500 €**

AUFGABE 5

	kalkulatorische Abschreibung (Ertrag):	150.000,00 €
−	bilanzielle Abschreibung (Aufwand)	100.000,00 €
=	„Gewinn"	50.000,00 €
−	30 % Steuern	15.000,00 €
	verbleiben vom Rückfluss	135.000,00 €
	reicht nicht für die Wiederbeschaffung	

Ertrag − Kosten = Gewinn vor Steuern =   Gewinn x 100 : 70

$x - 100.000,00 = 50.000,00 \times 100 : 70$
$x = \textbf{171.428,57 €}$

AUFGABE 6

Antwort 2. ist richtig. Für Zwecke der Kosten- und Leistungsrechnung ermittelt sich das Betriebsergebnis durch die Gegenüberstellung von Kosten und Leistungen. Erträge aus der Auflösung einer Rückstellung sind periodenfremde Erträge (neutrale Erträge), da sie im Zusammenhang mit in Vorperioden gebildeten Rückstellungen anfallen.

AUFGABE 7

Neutrale Erträge = 150.000 €

2 Auswertung des Jahresabschlusses

AUFGABE 1

zu 1.

Bilanz zum 31.12.2021

Aktiva	€	Passiva	€
I. Anlagevermögen	730.000	I. Eigenkapital	750.000
II. Umlaufvermögen		II. Fremdkapital	
flüssige Mittel (Mittel 1. Grades)	202.000	kurzfristiges FK	600.000
Forderungen (Mittel 2. Grades)	275.000	mittelfristiges FK	0
übriges Umlaufvermögen (Mittel 3. Grades)	293.000	langfristiges FK	150.000
	1.500.000		1.500.000

zu 2.

Bilanz zum 31.12.2021

Aktiva	TEUR	%	Passiva	TEUR	%
I. Anlagevermögen	730	48,7	I. Eigenkapital	750	50,0
II. Umlaufvermögen			II. Fremdkapital		
flüssige Mittel (Mittel 1. Grades)	202	13,5	kurzfristiges FK	600	40,0
Forderungen (Mittel 2. Grades)	275	18,3	mittelfristiges FK	0	0,0
übriges UV (Mittel 3. Grades)	293	19,5	langfristiges FK	150	10,0
	1.500	100,0		1.500	100,0

Lehrbuch 304

AUFGABE 2

zu 1.

a) Anlagenintensität $= \dfrac{AV \times 100}{GV} = \dfrac{730.000 \times 100}{1.500.000} =$ **48,7 %**

b) Umlaufintensität $= \dfrac{UV \times 100}{GV} = \dfrac{770.000 \times 100}{1.500.000} =$ **51,3 %**

c) Eigenkapitalanteil $= \dfrac{EK \times 100}{GK} = \dfrac{750.000 \times 100}{1.500.000} =$ **50,0 %**

d) Fremdkapitalanteil (Ansp.-Koeffizient) $= \dfrac{FK \times 100}{GK} = \dfrac{750.000 \times 100}{1.500.000} =$ **50,0 %**

e) Anlagendeckung I $= \dfrac{EK \times 100}{AV} = \dfrac{750.000 \times 100}{730.000} =$ **102,7 %**

f) Anlagendeckung II $= \dfrac{(750.000 + 150.000) \times 100}{730.000} =$ **123,3 %**

g) Liquidität 1. Grades $= \dfrac{202.000 \times 100}{600.000} =$ **33,7 %**

h) Liquidität 2. Grades $= \dfrac{(202.000 + 275.000) \times 100}{600.000} =$ **79,5 %**

zu 2.

Hier sollten zunächst die **zu 1.** berechneten Kennzahlen und Relationen mit den Zahlen des **Branchendurchschnitts** verglichen werden, die auf den Seiten 292 und 294 des Lehrbuches genannt werden.

Der Vergleich sollte sich nicht darauf beschränken, festzustellen, dass der Vergleichsbetrieb über oder unter dem Branchendurchschnitt liegt.

Es sollten vielmehr auch mögliche **Gründe** für die Abweichung genannt werden. Und es sollte dazu Stellung genommen werden, ob die Begründungen für den Vergleichsbetrieb vor- oder nachteilig sind.

Zur Anlagendeckung werden im Buch keine Branchendurchschnittszahlen genannt. Sie können vom Lernenden für die Anlagendeckung I selbst berechnet werden.

Für die Liquiditäts-Kennzahlen fehlen die Branchendurchschnitte. Die Lernenden sollten Vorschläge machen, wie die Liquidität des „Vergleichsbetriebs" verbessert werden könnte.

74 Lehrbuch 304/305

AUFGABE 3

	2021 TEUR	2020 TEUR
Jahresüberschuss	80	140
+ Abschreibung auf Sach- und Finanzanlagen	180	200
+ Pensionsrückstellungen	50	—
= **Cashflow**	**310**	**340**

2021 ist der Cashflow um 8,8 % niedriger als 2020. Damit haben sich die finanziellen Möglichkeiten des Unternehmens gegenüber dem Vorjahr verschlechtert.

Das **EBIT** beträgt bei enger Definition (Addition der Ertragsteuern und **ausschließlich der Zinsaufwendungen** zum Jahresüberschuss) im Geschäftsjahr **2020** TEUR **186** (140 + 10 + 36) und im Geschäftsjahr **2021** TEUR **175** (80 + 40 + 55).

Damit ist das EBIT um 5,9 % gegenüber dem Vorjahr gesunken, wobei der Jahresüberschuss um 42,9 % gesunken ist. Der Rückgang des Jahresüberschusses resultiert somit überwiegend nicht aus dem Rückgang des operativen Ergebnisses.

Fasst man die EBIT-Definition **weiter** und bereinigt den Jahresüberschuss um das **gesamte Finanzergebnis,** beträgt das EBIT für das Geschäftsjahr **2020 TEUR 300** (140 + 10 + 36 + 150 – 36) und für das Geschäftsjahr **2021 TEUR 220** (80 + 40 + 55 + 100 – 55). Bei einer solchen Definition wäre das EBIT im Geschäftsjahr 2021 um 26,7 % gegenüber dem Vorjahr gesunken.

AUFGABE 4

$$\text{Rohgewinnaufschlagsatz} \quad = \quad \frac{550.800 \, € \times 100}{2.040.000 \, €} \quad = \quad \underline{\mathbf{27\%}}$$

AUFGABE 5

zu 1.

40 %	120.000 €
100 %	x €

$$\frac{120.000 \, € \times 100}{40} \quad = \quad \mathbf{300.000 \, €}$$

Der **Wareneinsatz** beträgt **300.000 €**.

zu 2.

Wareneinsatz	300.000 €
+ Rohgewinn	120.000 €
= **Erlös**	**420.000 €**

AUFGABE 6

zu 1.

$$\text{Eigenkapitalrentabilität 2020} \quad = \quad \frac{26.000\,\text{€} \times 100}{160.000\,\text{€}} \quad = \quad \textbf{16,25\%}$$

$$\text{Eigenkapitalrentabilität 2021} \quad = \quad \frac{36.000\,\text{€} \times 100}{185.000\,\text{€}} \quad = \quad \textbf{19,46\%}$$

zu 2.

$$\text{Gesamtkapitalrentabilität 2020} \quad = \quad \frac{30.900\,\text{€} \times 100}{270.000\,\text{€}} \quad = \quad \textbf{11,44\%}$$

$$\text{Gesamtkapitalrentabilität 2021} \quad = \quad \frac{43.600\,\text{€} \times 100}{320.000\,\text{€}} \quad = \quad \textbf{13,63\%}$$

zu 3.

$$\text{Umsatzrentabilität 2020} \quad = \quad \frac{26.000\,\text{€} \times 100}{590.000\,\text{€}} \quad = \quad \textbf{4,41\%}$$

$$\text{Umsatzrentabilität 2021} \quad = \quad \frac{36.000\,\text{€} \times 100}{760.000\,\text{€}} \quad = \quad \textbf{4,74\%}$$

zu 4.

Die **Entwicklung des Unternehmens** ist **positiv** zu beurteilen, weil sich alle Kennzahlen verbessert haben.

Ursachen für diese positive Entwicklung können sein: Qualitätsverbesserung der Ware, Kostenminderung, steigende Nachfrage.

AUFGABE 7

	Anschaffungskosten des Einfamilienhauses	660.000 €
-	1. Hypothek	- 90.000 €
-	2. Hypothek	- 105.000 €
		465.000 €

	Miete (15 €/qm x 200 qm x 12 Monate)	36.000 €
-	Zinsen (6 % von 90.000 €)	- 5.400 €
-	Zinsen (7 % von 105.000 €)	- 7.350 €
-	Sonstige Kosten	- 11.700 €
		11.550 €

$$\text{Eigenkapitalrentabilität} \quad = \quad \frac{11.550\,\text{€} \times 100}{465.000\,\text{€}} \quad = \quad \textbf{2,48\%}$$

Lehrbuch 306/307

AUFGABE 8

zu 3.1

a) **Anlagenintensität** $= \dfrac{AV \times 100}{V} =$

	2021	2020
	$\dfrac{600 \times 100}{1.240}$	$\dfrac{500 \times 100}{1.150}$
	= **48,4 %**	= **43,5 %**

Die Anlagenintensität liegt über dem Branchendurchschnitt (37 %). Zu berücksichtigen sind jedoch die hohen **Finanzanlagen** (28,2 % bzw. 26,1 %).

b) **Eigenkapitalanteil** $= \dfrac{EK \times 100}{K} =$

	2021	2020
	$\dfrac{690 \times 100}{1.240}$	$\dfrac{730 \times 100}{1.150}$
	= **55,7 %**	= **63,5 %**

Der Eigenkapitalanteil liegt über dem Branchendurchschnitt (32 %), er kann als hoch bezeichnet werden.

c) **Anlagendeckung I** $= \dfrac{EK \times 100}{AV} =$

	2021	2020
	$\dfrac{690 \times 100}{600}$	$\dfrac{730 \times 100}{500}$
	= **115 %**	= **146 %**

Das Eigenkapital überdeckt das Anlagevermögen um **15 %** bzw. **46 %**, sodass von dieser Seite keine finanziellen Schwierigkeiten zu erwarten sind.

d) **Liquidität 1. Grades** $=$

	2021	2020
	$\dfrac{230 \times 100}{500}$	$\dfrac{320 \times 100}{420}$
	= **46 %**	= **76,2 %**

Die Liquidität 1. Grades ist für beide Jahre **unzureichend**, weil nur **46 %** bzw. **76,2 %** der kurzfristigen Verbindlichkeiten mit Barmitteln beglichen werden können.

e) **Liquidität 2. Grades** $=$

	2021	2020
	$\dfrac{320 \times 100}{500}$	$\dfrac{370 \times 100}{420}$
	= **64 %**	= **88 %**

Die Liquidität 2. Grades ist ebenfalls für beide Jahre **unzureichend**.

zu 3.2

		2021	2020
a) **Materialaufwand**	=	$\dfrac{1.500 \times 100}{3.000}$	$\dfrac{1.200 \times 100}{2.600}$
		= **51,7%**	= **46,2%**

Es handelt sich um eine **materialintensive** Fertigung.

		2021	2020
b) **Personalaufwand**	=	$\dfrac{1.100 \times 100}{3.000}$	$\dfrac{1.000 \times 100}{2.600}$
		= **36,7%**	= **38,5%**

Es liegt **keine lohnintensive** Fertigung vor.

		2021	2020
c) **Eigenkapitalrentabilität**	=	$\dfrac{80 \times 100}{(690 - 80)}$	$\dfrac{140 \times 100}{(730 - 140)}$
		= **13,1%**	= **23,7%**

Die Eigenkapitalrentabilität hat sich gegenüber dem Vorjahr verschlechtert, kann aber mit **13,1%** noch als **ausreichend** bezeichnet werden.

		2021	2020
d) **Umsatzrentabilität**	=	$\dfrac{80 \times 100}{3.000}$	$\dfrac{140 \times 100}{2.600}$
		= **2,7%**	= **5,4%**

Das Unternehmen erzielt pro 100 € Umsatz 2021 nur noch einen Gewinn von **2,70 €**.

zu 3.3

Die **Vermögens- und Kapitalstruktur** der analysierten Unternehmung ist **gut**, **ebenso** die **Anlagendeckung**.

Lediglich die **Liquidität** der Unternehmung ist **unzureichend**. Um nicht in Liquiditätsschwierigkeiten zu kommen, muss das Unternehmen Maßnahmen ergreifen (z.B. Abbau der Lagerbestände, Verbesserung des Mahnwesens, Umwandlung kurzfristiger in langfristige Verbindlichkeiten).

Die **Ertragslage** der Unternehmung ist **gut** bis überdurchschnittlich, und zwar auch im etwas schlechter ausgefallenen Jahr 2021.

3 Verprobung mittels steuerlicher Kennzahlen

AUFGABE 1

zu 1.

	Wareneingang	95.000,00 €
-	Bestands**erhöhung**	- 5.000,00 €
=	**Wareneinsatz**	**90.000,00 €**

zu 2.

	Umsatzerlöse	108.000,00 €
-	Wareneinsatz	- 90.000,00 €
=	**Rohgewinn**	**18.000,00 €**

AUFGABE 2

zu 1.

	Wareneinsatz	330.000,00 €
+	65 %	+ 214.500,00 €
=	**Erlös**	**544.500,00 €**

zu 2.

$$\text{Rohgewinnaufschlagsatz} \quad = \quad \frac{(507.000 € - 330.000 €) \times 100}{330.000 €} \quad = \quad \mathbf{53{,}64\,\%}$$

AUFGABE 3

	Wareneingang		250.000,00 €
+	ANK		+ 15.000,00 €
-	Erhaltene Skonti		- 7.000,00 €
=	Anschaffungskosten		258.000,00 €
+	AB Waren	20.000 €	
-	EB Waren	25.000 €	
-	Bestandserhöhung		- 5.000,00 €
-	Unentgeltliche Wertabgaben		- 8.000,00 €
=	**wirtschaftlicher Wareneinsatz**		**245.000,00 €**

Prüfungsfälle

Prüfungsfall 1:

Teil I: Laufende Buchungen und Abschlussbuchungen

Tz.	Sollkonto	Betrag (€)	Habenkonto
1.1	**0520** (0320) Pkw	25.000,00	**3300** (1600) Verbindl. aLuL
	1406 (1576) Vorsteuer 19 %	4.750,00	**3300** (1600) Verbindl. aLuL
1.2	**3300** (1600) Verbindl. aLuL	29.750,00	
		29.000,30	**1800** (1200) Bank
		630,00	**0520** (0320) Pkw
		119,70	**1406** (1576) Vorsteuer 19 %
1.3	**6222** (4832) Abschreibungen	3.553,96	**0520** (0320) Pkw
1.4	**1600** (1000) Kasse	4.760,00	
		4.000,00	**6889** (8800) Erlöse aus Verk.
		760,00	**3806** (1776) USt 19 %
	6895 (2310) Anlagenabgänge	5.800,00	**0520** (0320) Pkw
1.5	**6859** (4969) Aufw. für. Abfallb.	200,00	**1600** (1000) Kasse
	1406 (1576) Vorsteuer 19 %	38,00	**1600** (1000) Kasse
1.6	**5200** (3200) Wareneingang	2.000,00	**1140** (3980) Bestand Waren
1.7.1	**6020** (4120) Gehälter	6.000,00	
	6080 (4170) VwL	20,00	
		1.760,61	**3730** (1741) Verb. aus LSt/KiSt
		1.008,18	**3740** (1742) Verb. i.R.d.s.S.
		40,00	**3770** (1750) Verb. Vermögensb.
		600,00	**4949** (8614) Verr. Sachbezüge
		2.611,81	**1600** (1000) Kasse
	6110 (4130) Ges. soz. Aufw.	962,90	**3740** (1742) Verb. i.R.d.s.S.
1.7.2	**3730** (1741) Verb. aus LSt/KiSt	1.760,61	**1800** (1200) Bank
	3740 (1742) Verb. i.R.d.s.S.	1.971,08	**1800** (1200) Bank
	3770 (1750) Verb. Vermögensb.	40,00	**1800** (1200) Bank
1.8	**1340** (1530) Ford. geg. Personal	600,00	**1600** (1000) Kasse
1.9	**6130** (4140) Freiw. soz. Aufw.	18,50	**1600** (1000) Kasse
	1401 (1571) Vorsteuer 7 %	1,30	**1600** (1000) Kasse
2.1	**1600** (1000) Kasse	15.000,00	**2180** (1890) Privateinlagen
2.2	**2100** (1800) Privatentnahmen	6.280,00	**1200** (1400) Forderungen aLuL
2.3	**0215** (0065) Unbebaute Gr.	280.000,00	**2180** (1890) Privateinlagen
2.4	**2100** (1800) Privatentnahmen	452,20	
		380,00	**4620** (8910) Entnahme durch U.
		72,20	**3806** (1776) USt 19 %
2.5.1	**0520** (0320) Pkw	70.000,00	**3300** (1600) Verbindl. aLuL
	1406 (1576) Vorsteuer 19 %	13.300,00	**3300** (1600) Verbindl. aLuL
2.5.2	**6500** (4500) Fahrzeugkosten	100,00	**1600** (1000) Kasse
	1406 (1576) Vorsteuer 19 %	19,00	**1600** (1000) Kasse

Lehrbuch 313/314/315/316/317

Tz.	Sollkonto	Betrag (€)	Habenkonto
2.5.3	**2100** (1800) Privatentnahmen	791,20	**4645** (8921) Verw. v. G. mit USt
	2100 (1800) Privatentnahmen	150,33	**3806** (1776) USt 19 %
	2100 (1800) Privatentnahmen	197,80	**4639** (8924) Verw. v. G. ohne USt
3	**6640** (4650) Bewirtungskosten	560,00	**1800** (1200) Bank
	6644 (4654) Nicht abzugsf. BK	240,00	**1800** (1200) Bank
	1406 (1576) Vorsteuer 19 %	152,00	**1800** (1200) Bank
4.1	**5200** (3200) Wareneingang	6.000,00	**3300** (1600) Verbindl. aLuL
	5800 (3800) Bezugsnebenk.	200,00	**3300** (1600) Verbindl. aLuL
	1406 (1576) Vorsteuer 19 %	1.178,00	**3300** (1600) Verbindl. aLuL
4.2	**3300** (1600) Verbindl. aLuL	7.378,00	
		7.235,20	**1800** (1200) Bank
		120,00	**5730** (3730) Erhaltene Skonti
		22,80	**1406** (1576) Vorsteuer 19 %
4.3	**6710** (4710) Verpackungsmat.	1.000,00	**1600** (1000) Kasse
	1406 (1576) Vorsteuer 19 %	190,00	**1600** (1000) Kasse
4.4	**6760** (4750) Transportvers.	238,00	**1800** (1200) Bank
4.5	**1800** (1200) Bank	9.329,60	**1200** (1400) Forderungen aLuL
	4730 (8730) Gewährte Skonti	160,00	**1200** (1400) Forderungen aLuL
	3806 (1776) USt 19 %	30,40	**1200** (1400) Forderungen aLuL
4.6	**1200** (1400) Forderungen aLuL	3.000,00	**4120** (8120) Stfr. Umsätze
4.7.1	**1200** (1400) Forderungen aLuL	2.142,00	
		1.800,00	**4315** (8315) Erlöse EG-L.
		342,00	**3807** (1777) USt EG-L.
4.7.2	**4726** (8725) Erlösschm. EG-L.	180,00	**1200** (1400) Forderungen aLuL
	3807 (1777) USt EG-L.	34,20	**1200** (1400) Forderungen aLuL
4.7.3	**1800** (1200) Bank	1.927,80	**1200** (1400) Forderungen aLuL
4.8	**6930** (2400) Forderungsverl.	60.000,00	**1200** (1400) Forderungen aLuL
	3806 (1776) USt 19 %	11.400,00	**1200** (1400) Forderungen aLuL
4.9	**1800** (1200) Bank	20.000,00	**1240** (1460) Zweifelhafte Ford.
	3806 (1776) USt 19 %	4.406,72	**1240** (1460) Zweifelhafte Ford.
	1246 (0998) Einzelwertber.	28.000,00	**1240** (1460) Zweifelhafte Ford.
	1240 (1460) Zweifelhafte Ford.	4.806,72	**4925** (2732) Ertrag a. a. Ford.
5.1	**6840** (4810) Mietleasing	600,00	**1800** (1200) Bank
	1406 (1576) Vorsteuer 19 %	114,00	**1800** (1200) Bank
	1900 (0980) Aktive RA	600,00	**6840** (4810) Mietleasing
5.2	**1800** (1200) Bank	11.781,00	
		9.900,00	**4860** (2750) Grundstücksertr.
		1.881,00	**3806** (1776) USt 19 %
	4860 (2750) Grundstücksertr.	6.600,00	**3900** (0990) Passive RA
5.3	**6490** (4809) Sonst. Reparaturen	6.000,00	**3500** (1700) Sonstige Verbindl.
	1434 (1548) VoSt im Folgejahr	1.140,00	**3500** (1700) Sonstige Verbindl.
5.4	**1300** (1500) Sonstige Vermög.	15.000,00	**4500** (8500) Provisionserlöse
	1300 (1500) Sonstige Vermög.	3.002,00	**3806** (1776) USt 19 %

Lehrbuch 313/314/315/316/317

zu 1.2   29.750,00 € (Rechnungsbetrag)
- 630,00 € (3 % von 21.000 €)
- 119,70 € (19 % von 630 €)
29.000,30 € (Banküberweisung)

zu 1.3   25.000 € – 630 € = 24.370 € x 25 % = 6.092,50 € x 7/12 = 3.553,96 €

Die maximal mögliche Abschreibung ist die in 2021 wieder zulässige **degressive** AfA. Der degressive AfA-Satz entspricht dem 2,5-fachen des linearen AfA-Satzes (16 ⅔ %), höchstens 25 %.

zu 1.6   Anfangsbestand 10.000 € – Schlussbestand 8.000 € = 2.000 € Minderung

zu 2.5.3

1 % von 98.900 € =	989,00 €
– 20 % Abschlag für nicht mit Vorsteuer belastete Kosten	– 197,80 €
= Bemessungsgrundlage für stpfl. Umsätze	791,20 €
19 % von 791,20 € =	150,33 €

zu 3   70 % von 800 € = **560€** (abzugsfähige Betriebsausgaben)

30 % von 800 € = **240€** (nicht abzugsfähige Betriebsausgaben)

Nach § 15 Abs. 1a Satz 2 UStG berechtigen die **angemessenen** Bewirtungsaufwendungen **in vollem Umfang** zum Vorsteuerabzug (19 % von 800 € = **152€**).

zu 4.2   7.378,00 € (Rechnungsbetrag)
- 120,00 € (2 % von 6.000 €)
- 22,80 € (19 % von 120 €)
= 7.235,20 € (Banküberweisung)

zu 4.5   9.520,00 € (Rechnungsbetrag)
- 160,00 € (2 % von 8.000 €)
- 30,40 € (19 % von 160 €)
= 9.329,60 € (9.329,60 € : 98 x 100 = 9.520 €)

zu 4.9

Forderung (brutto)	47.600,00 €
– Zahlung (brutto)	– 20.000,00 €
= tatsächlicher Forderungsausfall (brutto)	27.600,00 €
– zu berichtigende USt (27.600 € : 1,19 x 19 %)	– 4.406,72 €
= tatsächlicher Forderungsverlust (netto)	23.193,28 €
– bereits bestehende Einzelwertberichtigung (netto) (70 % von 40.000 €)	28.000,00 €
= **Ertrag** aus abgeschriebener Forderung (netto)	**4.806,72€**

Teil II: Wirtschaftsrechnen

zu 6.1

$$\text{Anlagendeckung I} = \frac{\text{Eigenkapital x 100}}{\text{Anlagevermögen}} = \frac{160.000\,€ \times 100}{300.000€} = \mathbf{53,33\,\%}$$

zu 6.2

$$\text{Umsatzrentabilität} = \frac{\text{Jahresüberschuss x 100}}{\text{Umsatz}} = \frac{73.000\,€^* \times 100}{290.000€} = \mathbf{25,17\,\%}$$

* 290.000 € – (117.000 € + 50.000 € + 30.000 € + 20.000 €) = **73.000 €**

zu 7

14.000 USD : 1,1721 USD/€ = **11.944,37 €**

Prüfungsfall 2:

Tz.	Sollkonto	Betrag (€)	Habenkonto
1.	**0215** (0065) Unbebaute Grund.	40.000,00	**3564** (1707) Darlehen
	3564 (1707) Darlehen	8.000,00	**1900** (0980) Aktive RA
	0215 (0065) Unbebaute Gr.	2.200,00	**2180** (1890) Privateinlagen
	1406 (1576) Vorsteuer 19 %	152,00	**2180** (1890) Privateinlagen
3.	**6221** (4831) Abschreibungen	5.640,00	**0240** (0090) Geschäftsbauten
	1800 (1200) Bank	7.142,86	**4860** (2750) Grundstückserträge
	1800 (1200) Bank	1.357,14	**3806** (1776) USt 19 %
	6010 (4110) Löhne	19.200,00	**4949** (8614) Verr. Sachbezüge
4a)	**0520** (0320) Pkw	42.000,00	**3300** (1600) Verbindl. aLuL
	1406 (1576) Vorsteuer 19 %	7.980,00	**3300** (1600) Verbindl. aLuL
	3300 (1600) Verbindl. aLuL	10.400,00	**4849** (8829) Erlöse aus Verkäufen
	3300 (1600) Verbindl. aLuL	1.976,00	**3806** (1776) USt 19 %
	3300 (1600) Verbindl. aLuL	10.000,00	**3500** (1700) Sonstige Verbindl.
4b)	**7310** (2110) Zinsaufwendungen	1.000,00	**3300** (1600) Verbindl. aLuL
	1900 (0980) Aktive RA	350,00	**7310** (2110) Zinsaufwend.
a)b)	**6222** (4832) Abschreibungen	5.833,00	**0520** (0320) Pkw
	4855 (2315) Anlagenabgänge	2.859,00	**0520** (0320) Pkw
5.	**6222** (4832) Abschreibungen	23.000,00	**0540** (0350) Lkw
6.	**6220** (4830) Abschreibungen	38.958,00	**0690** (0400) Betriebsausstattung
7.	**6220** (4830) Abschreibungen	910,00	**0650** (0420) Büroeinrichtung
8a)	**6930** (2400) Forderungsverluste	20.000,00	**1200** (1400) Forderungen aLuL
	3806 (1776) USt 19 %	3.800,00	**1200** (1400) Forderungen aLuL
8b)	**1240** (1460) Zweifelhafte Ford.	35.700,00	**1200** (1400) Forderungen aLuL
	6910 (4886) Abschr. auf UV	18.000,00	**1246** (0998) Einzelwertber.
8c)	**1800** (1200) Bank	800,00	**4925** (2732) Erträge aus a.a.F.
	1800 (1200) Bank	152,00	**3806** (1776) USt 19 %
8d)	**6920** (2450) Einstellung PWB	600,00	**1248** (0996) Pauschalwertber.
9a)	**3845** (1791) USt frühere Jahre	450,00	**1240** (1460) Zweifelhafte Ford.
	1246 (0998) Einzelwertber.	4.800,00	**1240** (1460) Zweifelhafte Ford.
	1240 (1460) Zweifelhafte Ford.	1.800,00	**4925** (2732) Erträge aus a.a.F.
9b)	**6910** (4886) Abschr. auf UV	4.500,00	**1246** (0998) Einzelwertber.
11.	**4800** (3960) Bestandsveränd.	800,00	**1000** (3970) Bestand R.H.B.
12.	**7320** (2120) Zinsaufwendungen	600,00	**1900** (0980) Aktive RA
13.	**7320** (2120) Zinsaufwendungen	3.150,00	**3500** (1700) Sonstige Verbindl.
15a)	**3035** (0956) GewSt-Rückst.	1.300,00	**7644** (2284) Erträge Aufl.
15b)	**7610** (4320) Gewerbesteuer	6.700,00	**3035** (0956) GewSt-Rückst.
16.	**6120** (4138) Beiträge Berufsg.	15.000,00	**3070** (0970) Sonst. Rückst.
17.	**2100** (1800) Privatentnahmen	480,00	**6805** (4920) Telefon

zu Tz. 3.

Einnahme EG Dezember 2021 (400 x 20 = 8.000 € + 500 €)	**8.500,00 €**
Ermittlung der Bemessungsgrundlage (8.500 € : 1,19)	**7.142,86 €**
Umsatzsteuer (19 % von 7.142,86 €)	**1.357,14 €**

zu Tz. 4.

Um den niedrigstmöglichen steuerlichen Gewinn auszuweisen, wird der Audi A6 degressiv abgeschrieben. Der degressive AfA-Satz beträgt das 2,5-fache des linearen Abschreibungssatzes (16⅔ %), höchstens 25 %.

AfA 2021 für Audi A 6: 42.000 € x 25 % = 10.500 € x ²⁄₁₂ =   **1.750 €**

zu Tz. 8.

	Gesamtbestand der Forderungen lt. Saldenbilanz I	416.500 €
−	Tz. 8a) uneinbringliche Forderung Rudolf	− 23.800 €
−	Tz. 8b) zweifelhafte Forderung Thomas	− 35.700 €
	pauschal wertzuberichtigende Forderungen	357.000 €
−	Umsatzsteuer	− 57.000 €
=	Bemessungsgrundlage der Pauschalwertberichtigung	300.000 €
	Pauschalwertberichtigung am 31.12.2021 (1 % von 300.000 €)	3.000 €
−	Tz. 14 Pauschalwertberichtigung am 31.12.2020	− 2.400 €
=	**Zuführung** zur Pauschalwertberichtigung	**600 €**

zu Tz. 9.

a)	Forderung an die Firma Hans aus 2020	14.280 €
−	Zahlung	− 10.710 €
=	tatsächlicher Forderungsausfall (brutto)	3.570 €
−	zu berichtigende USt (3.570 € : 1,19 x 19 %)	− 570 €
=	tatsächlicher Forderungsverlust	3.000 €
−	Tz. 14 Einzelwertberichtigung Hans	− 4.800 €
=	Forderungsverlust ist kleiner als Einzelwertberichtigung um	**1.800 €**
b)	Forderung an die Firma Rainer aus 2020	17.850 €
−	zu berichtigende USt (17.850 € : 1,19 x 19 %)	− 2.850 €
=	Bemessungsgrundlage	15.000 €
	voraussichtlich uneinbringlich (30 % von 15.000 €)	**4.500 €**

zu Tz. 15.

a)	ursprüngliche Gewerbesteuerrückstellung 2020	6.700 €
−	Zahlung 2020	− 5.400 €
=	Rückstellung ist höher als Zahlung um	**1.300 €**
b)	Gewerbesteuerrückstellung 2021	**6.700 €**

Anlagenverzeichnis für die Zeit vom 01.01. bis 31.12.2021

Konto-Nr.	Bezeichnung des Gegenstandes	Ansch.- bzw. H.-tag	AK bzw. HK	ND Jahre	AfA-Art	AfA-%	jährliche AfA	Abgangs-tag	Bilanzwert am 01.01.21	Zugänge 2021	AfA 2021	Abgänge 2021	Bilanzwert am 31.12.21
0215	Unbebaute												
0065	Grundstücke	13.01.21	42.800							42.800			42.800
0235	Bebaute												
0855	Grundstücke	16.07.11	60.000						60.000				60.000
0240	Geschäftsbauten												
0090		15.01.18	282.000	50	lin.	2	5.640		265.080		5.640		259.440
0520	Pkw												
0320	Audi A 4	15.06.17	24.500	5	lin.	20	4.900	16.11.21	6.942		4.083	2.859	0
	Audi A 6	16.11.21	42.000	6	degr.	25	var.			42.000	1.750		40.250
									6.942	42.000	5.833	2.859	40.250
0540	Lkw												
0350	VW Transporter	17.03.18	12.500	4	lin.	25	3.125		3.646		3.125		521
	VW Bus	08.09.19	18.000	4	lin.	25	4.500		12.000		4.500		7.500
	Mercedes	07.06.20	72.000	5	degr.	25	var.		61.500		15.375		46.125
									77.146		23.000		54.146
0690	Betriebsausst.												
0400	Kran	15.01.16	150.000	10	lin.	10	15.000		75.000		15.000		60.000
	Radlager	20.03.16	60.000	8	lin.	12,5	7.500		23.750		7.500		16.250
	Raupe	06.05.16	40.000	8	lin.	12,5	5.000		16.667		5.000		11.667
	Bagger	17.02.21	50.000	10	degr.	25	var.			50.000	11.458		38.542
									115.417	50.000	38.958		126.459
0650	Büroeinrichtung												
0420	2 Sessel	08.01.19	2.150	5	lin.	20	430		1.290		430		860
	2 Schreibtische	01.07.20	2.400	5	lin.	20	480		2.160		480		1.680
									3.450		910		2.540

86 Lehrbuch 336

C. Vergleich zu Abschlüssen nach IFRS

AUFGABE 1

(a) Die Aussage ist falsch. Die IFRS sind keine Gesetze. Es sind Vorschriften, die von der EU übernommen werden müssen, um Gesetzescharakter zu erhalten.

(b) Die Aussage ist falsch. Alle kapitalmarktorientierten Unternehmen haben ihren Konzernabschluss nach IFRS aufzustellen. Für den Einzelabschluss besteht ein Wahlrecht.

x (c) Die Aussage ist richtig.

x (d) Die Aussage ist richtig.

AUFGABE 2

1. Herstellungskosten nach **IFRS**

Die Material- und Fertigungseinzelkosten sowie die Verwaltungsgemeinkosten des Fertigungsbereichs sind nach IFRS verpflichtend in die Herstellungskosten einzubeziehen (IAS 2.12). Die nicht herstellungsbezogenen Verwaltungsgemeinkosten sowie die Vertriebskosten unterliegen einem Einbeziehungsverbot (IAS 2.16).

Entsprechend betragen die Herstellungskosten nach IFRS:

Materialeinzelkosten	200 €
Fertigungseinzelkosten	80 €
Verwaltungsgemeinkosten des Fertigungsbereichs	60 €
gesamt	340 €

2. Herstellungskosten nach **HGB**

Handelsrechtlich sind die Material- und Fertigungseinzelkosten ebenfalls verpflichtend in die Herstellungskosten mit einzubeziehen. In Übereinstimmung mit den IFRS besteht auch für die Vertriebskosten ein Einbeziehungsverbot. Im Unterschied zu den IFRS besteht aber sowohl für die herstellungsbezogenen als auch die nicht herstellungsbezogenen Verwaltungsgemeinkosten ein Einbeziehungswahlrecht.

Je nachdem wie diese Wahlrechte ausgeübt werden, können sich folgende Herstellungskosten ergeben:

a)	Materialeinzelkosten + Fertigungseinzelkosten =	280 €
b)	Materialeinzelkosten + Fertigungseinzelkosten + nicht herstellungsbezogene Verwaltungsgemeinkosten =	320 €
c)	Materialeinzelkosten + Fertigungseinzelkosten + Verwaltungsgemeinkosten des Fertigungsbereichs =	340 €
d)	Materialeinzelkosten + Fertigungseinzelkosten + nicht herstellungsbezogene Verwaltungsgemeinkosten + Verwaltungsgemeinkosten des Fertigungsbereichs =	380 €

AUFGABE 3

1. Vorratsbewertung zum 31.12.2021 nach **IFRS**?

Produkt	Herstellungs-kosten €	Netto-veräußerungswert* €	niedrigerer Wert aus HK und Nettoveräußerungswert €
Maus	5,00	9,00	5,00
Drucker	200,00	230,00	200,00
PC	500,00	450,00	450,00

* Verkaufspreis – verbleibende Vertriebskosten

Nach IFRS sind die Vorräte zum Stichtag mit dem **niedrigeren Wert aus Herstellungskosten und Nettoveräußerungswert** zu bewerten (IAS 2.9). Der durchschnittliche Gewinn ist nach IFRS nicht bei der Ermittlung des Nettoveräußerungswertes zu berücksichtigen.

2. Vorratsbewertung zum 31.12.2021 nach **HGB**?

Produkt	Herstellungs-kosten €	Beschaffungsmarkt (Wiederbeschaf-fungskosten) €	Absatz-markt* €	niedrigerer Wert aus HK, Absatz- und Beschaffungsmarkt €
Maus	5,00	8,00	7,00	5,00
Drucker	200,00	180,00	190,00	200,00
PC	500,00	480,00	430,00	430,00

* Verkaufspreis – verbleibende Vertriebskosten – durchschnittlicher Gewinn
(R 6.8 Abs. 2 Satz 3 EStR 2012)

Nach HGB gilt für Vorräte das strenge Niederstwertprinzip. Danach ist zum Stichtag der **niedrigere Wert aus Herstellungskosten und beizulegendem Wert** anzusetzen. Der beizulegende Wert entspricht regelmäßig dem steuerlichen Teilwert. Von mehreren Werten (Absatz- und Beschaffungsmarkt) ist der niedrigere anzusetzen.

88 Rechtliche Grundlagen

Teil 2: Zusätzliche Aufgaben und Lösungen

A U F G A B E

Die Tasci AG stellt aus ihrer Erfolgsrechnung folgende zusammengefasste Aufwands- und Ertragsposten für das Abschlussjahr 2021 zur Verfügung (in Tsd. €):

Umsatzerlöse	8.150 €
Minderbestand an Erzeugnissen	20 €
sonstige betriebliche Erträge	30 €
Materialaufwand	5.750 €
Personalkosten	820 €
Abschreibungen (Sachanlagen)	180 €
sonstige betriebliche Aufwendungen	850 €
Zinserträge	5 €
Zinsaufwendungen	75 €
außerordentliche Erträge	80 €
außerordentliche Aufwendungen	50 €
Steuern vom Einkommen und Ertrag	144 €
sonstige Steuern	86 €

Erstellen Sie die Gewinn- und Verlustrechnung gemäß § 275 Abs. 2 HGB (Gesamtkostenverfahren).

Lösung:

	Gewinn- und Verlustrechnung für die Zeit vom 01.01. bis 31.12.2021	
Nr.	Posten	€
1.	Umsatzerlöse	8.150.000,00
2.	Verminderung des Bestands an Fertigerzeugnissen	20.000,00
3.	Sonstige betriebliche Erträge	110.000,00
4.	Materialaufwand	5.750.000,00
5.	Personalaufwand	820.000,00
6.	Abschreibungen auf Sachanlagen	180.000,00
7.	Sonstige betriebliche Aufwendungen	900.000,00
8.	Sonstige Zinsen und ähnliche Erträge	5.000,00
9.	Zinsen und ähnliche Aufwendungen	75.000,00
10.	Steuern vom Einkommen und vom Ertrag	144.000,00
11.	**Ergebnis nach Steuern**	**376.000,00**
12.	Sonstige Steuern	86.000,00
13.	**Jahresüberschuss**	**290.000,00**

Rechtliche Grundlagen **89**

AUFGABE

Die Klaiber GmbH, Böblingen, hat am Bilanzstichtag Pensionsverpflichtungen mit einem Buchwert von 400.000 € passiviert. Das insolvenzsicher angelegte Vermögen, das nur zur Bedienung dieser Verpflichtung besteht, weist einen Buchwert von 250.000 € und einen Zeitwert von 480.000 € aus.

Wie ist der Sachverhalt in der Handels- und Steuerbilanz auszuweisen?

Lösung:

> In der Handelsbilanz ist dieses Vermögen mit dem Zeitwert anzusetzen (§ 253 Abs. 1 Satz 3 HGB) und mit den entsprechenden Verbindlichkeiten zu verrechnen. Der positive Betrag ist auf der Aktivseite auszuweisen (§ 246 Abs. 2 HGB). Damit wird das Saldierungsverbot durchbrochen.
> In der Steuerbilanz darf keine Bewertung mit dem Zeitwert stattfinden und auch keine Saldierung erfolgen.

AUFGABE

Die endgültige Saldenbilanz zum 31.12.2021 des Einzelkaufmanns Peter Schreiber, Wiesbaden, weist folgende Beträge aus, die mit dem Inventar übereinstimmen:

Bebaute Grundstücke	10.000,00 €
Fabrikgebäude	340.400,00 €
Kraftfahrzeuge	68.600,00 €
Betriebsausstattung	89.000,00 €
GWG	1,00 €
Bankdarlehen	190.000,00 €
Steuerrückstellungen	50.000,00 €
Aktive Rechnungsabgrenzung	2.250,00 €
Kassenbestand	866,00 €
Bankguthaben	18.000,00 €
Bundesbankguthaben	2.000,00 €
Wertpapiere des Umlaufvermögens	20.034,00 €
Forderungen aus Lieferungen und Leistungen	285.000,00 €
Sonstige Forderungen	15.427,00 €
Verbindlichkeiten aus Lieferungen und Leistungen	157.988,00 €
Sonstige Verbindlichkeiten	25.420,00 €
Verbindlichkeiten aus Lohn- und Kirchensteuer	1.245,00 €
Verbindlichkeiten im Rahmen der sozialen Sicherheit	3.632,00 €
Verbindlichkeiten aus Einbehaltungen	312,00 €
Umsatzsteuer	8.951,00 €
Warenbestand	23.007,00 €

Erstellen Sie die Bilanz zum 31.12.2021 nach dem handelsrechtlichen Gliederungsschema.

90 Rechtliche Grundlagen/Abschlussarbeiten

Lösung:

Aktiva		Bilanz zum 31.12.2021		Passiva
A. Anlagevermögen			**A. Eigenkapital**	437.037,00
I. Sachanlagen			**B. Rückstellungen**	
1. Grundstücke und Bauten		350.400,00	1. Steuerrückstellungen	50.000,00
2. Betriebs- und Geschäftsausstattung		157.601,00		
B. Umlaufvermögen			**C. Verbindlichkeiten**	
I. Vorräte			1. Verbindlichkeiten geg. Kreditinstituten	190.000,00
1. Waren		23.007,00	2. Verbindlichk. aLuL	157.988,00
II. Forderungen			3. sonstige Verbindlichk.	39.560,00
1. Forderungen aLuL		285.000,00		
2. sonst. Vermög.		15.427,00		
III Wertpapiere				
1. sonstige Wertpapiere		20.034		
IV. Kassenbestand, Bundesbankguthaben, Guthaben bei Kreditinstituten		20.866,00		
C. Rechnungsabgrenzung		2.250,00		
		874.585,00		874.585,00

Wiesbaden, 31.05.2022   *Peter Schreiber*

AUFGABE

Aus welchen Bestandteilen besteht der handelsrechtliche Jahresabschluss einer KG? Kreuzen Sie die richtige Lösung an.

(a) Der Jahresabschluss besteht aus der Bilanz.

(b) Der Jahresabschluss besteht aus der Bilanz, der GuV-Rechnung und dem Anlagespiegel.

(c) Der Jahresabschluss besteht aus dem Anhang und dem Lagebericht.

(d) Der Jahresabschluss besteht aus der Bilanz und der GuV-Rechnung.

(e) Der Jahresabschluss besteht aus dem Lagebericht.

(f) Der Jahresabschluss besteht aus der Bilanz, der GuV-Rechnung und dem Anhang.

Lösung:

(d) Der Jahresabschluss besteht aus der Bilanz und der Gewinn- und Verlustrechnung (§ 242 Abs. 3 HGB).

Abschlussarbeiten und abschlussvorbereitende Buchungen

AUFGABE

Setzen Sie die gesuchten Begriffe der Abschlussarbeiten in die richtigen Zeilen ein.

1. Unterschied zwischen Soll- und Istbeständen anlässlich der Inventur
2. Buchmäßiger Werteverzehr eines Anlagegutes
3. Bestandsaufnahme
4. Erfolg der Geschäftstätigkeit
5. Verkaufte Ware, bewertet zu Einstandspreisen
6. Teil des betrieblichen Rechnungswesens
7. Inventurart
8. Nebenbuch der Finanzbuchhaltung

Nr.													
1.									F			Z	
2.	A								G				
3.						R							
4.		W											
5.						N		Z					
6.	S						K						
7.			H							U			
8.	O							T					

Die Buchstaben in den unterlegten Feldern ergeben – von oben nach unten gelesen – das Lösungswort.

92 Abschlussarbeiten/Zeitliche Abgrenzung

Lösung:

1.	I	N	V	E	N	T	U	R	D	I	F	F	E	R	E	N	Z
2.	A	B	S	C	H	R	E	I	B	U	N	G	E	N			
3.	I	N	V	E	N	T	U	R									
4.	G	E	W	I	N	N											
5.	W	A	R	E	N	E	I	N	S	A	T	Z					
6.	S	T	A	T	I	S	T	I	K								
7.	S	T	I	C	H	T	A	G	I	N	V	E	N	T	U	R	
8.	K	O	N	T	O	K	O	R	R	E	N	T	B	U	C	H	

Das Lösungswort heißt: **Inventar.**

A U F G A B E

Die M & B GmbH, Erfurt, hat im Wirtschaftsjahr (= Kalenderjahr) 2021 einen Gewinn (vor Bildung der Gewerbesteuerrückstellung) in Höhe von 57.000 € erzielt. Die Gewerbesteuervorauszahlungen für das 1. bis 3. Quartal in Höhe von jeweils 1.000 € wurden rechtzeitig entrichtet und ordnungsgemäß gebucht. Die Gewerbesteuervorauszahlung für das 4. Quartal wird erst im Februar 2022 bezahlt; im Wirtschaftsjahr 2021 erfolgte insoweit noch keine Buchung.

Hinzurechnungen (§ 8 GewStG) und Kürzungen (§ 9 GewStG) sind nicht vorzunehmen. Der Hebesatz der Gemeinde beträgt 400 %.

1. Ermitteln Sie die Höhe der Gewerbesteuerrückstellung zum 31.12.2021 und bilden Sie alle notwendigen Buchungssätze des Wirtschaftsjahres 2021.

2. Wie hoch ist der handelsrechtliche Jahresüberschuss und der Anpassungsbetrag nach § 60 Abs. 2 EStDV?

Lösung:

zu 1.

Zuerst ist noch die rückständige Gewerbesteuer-Vorauszahlung für das 4. Quartal zu buchen:

Sollkonto	Betrag (€)	Habenkonto
7610 (4320) Gewerbesteuer	1.000,00	**3700** (1736) Verb. aus Steuern u. Abg.

Dann ist die Gewerbesteuerrückstellung zu berechnen:

	Gewinn (57.000 – 1.000 + 4.000)	60.000,00 €
+	Hinzurechnungen/Kürzungen	0,00 €
=	Gewerbeertrag	60.000,00 €
–	Freibetrag (Kapitalgesellschaft)	0,00 €
=	verbleibender Betrag	60.000,00 €
x	Steuermesszahl	3,5 %
=	Steuermessbetrag	2.100,00 €
x	Hebesatz	400 %
=	fiktive Gewerbesteuer	8.400,00 €
–	Vorauszahlungen	– 4.000,00 €
=	Gewerbesteuerrückstellung	4.400,00 €

* Die GewSt wurde gewinnmindernd gebucht, sodass die Vorauszahlungen dem Gewinn hinzuzurechnen sind.

Buchung:

Sollkonto	Betrag (€)	Habenkonto
7610 (4320) Gewerbesteuer	4.400,00	**3035** (0956) Gewerbesteuerrückstell. § 4 Abs. 5b EStG

zu 2.

Der Jahresüberschuss beträgt 51.600 € (57.000 – 1.000 – 4.400 GewSt) und der Anpassungsbetrag + 8.400 € (§ 4 Abs. 5b EStG).

AUFGABE

Der Gewerbetreibende Müller, Ludwigshafen, gewährt für seine Produkte eine Garantiezeit von 2 Jahren. Nach seinen Erfahrungen aus der Vergangenheit entstehen in seinem Betrieb Garantieleistungen von durchschnittlich 1 % seines garantiebehafteten Umsatzes. Die garantiebehafteten Umsätze betrugen:

im Jahre 2020:	2.200.000,00 €,
im Jahre 2021:	2.400.000,00 €.

In den Garantieaufwandskonten wurden folgende Beträge erfasst:

im Jahre 2020 für Leistungen des Jahres 2020:	9.000,00 €,
im Jahre 2021 für Leistungen des Jahres 2021:	14.000,00 €.

Im Konto „**3090** (0974) Rückstellungen für Gewährleistungen" ist in der Buchführung des Wirtschaftsjahres 2020 ein Anfangsbestand von 11.000,00 € (Haben) vorhanden.

1. Ermitteln Sie die Höhe der Garantierückstellung zum 31.12.2021.
2. Bilden Sie den notwendigen Buchungssatz zur Bildung der Rückstellung.

Müller geht davon aus, dass die Gewährleistungsrückstellung in 2022 vollständig in Anspruch genommen wird.

94 Zeitliche Abgrenzung von Aufwendungen und Erträgen

Lösung:

zu 1.

In Höhe der noch zu erwartenden Garantieaufwendungen für die Jahre 2020 und 2021 ist eine Rückstellung für ungewisse Verbindlichkeiten (HB und StB) zu bilden:

Umsatz 2020	2.200.000,00 €
Umsatz 2021	2.400.000,00 €
Summe	4.600.000,00 €
davon 1 %	46.000,00 €
– bereits erbrachte Garantieleistungen	
für 2020	– 9.000,00 €
für 2021	– 14.000,00 €
noch zu erwartende Garantieleistungen	**23.000,00 €**

Nach § 249 Abs. 1 HGB ist eine Rückstellung für ungewisse Verbindlichkeiten in Höhe von **23.000 €** zu bilden.

Rückstellung	23.000,00 €
– Bestand im Konto **3090** (0974)	– 11.000,00 €
= Zuführung	**12.000,00 €**

zu 2.

Buchungssatz:

Sollkonto	Betrag (€)	Habenkonto
6790 (4790) Aufw. für Gewährl.	12.000,00	**3090** (0974) Rückstellung für Gewährl.

AUFGABE

Der bilanzierende Gewerbetreibende Bernhard Rosshoff, Moers, hat zur Finanzierung eines Anlageguts im Jahre 2021 ein Darlehen bei seiner Hausbank aufgenommen. Die vereinbarten Konditionen lauteten:

Darlehenssumme	600.000 €
Auszahlungsdatum:	01.10.2021
Auszahlungsbetrag:	96 % der Darlehenssumme
Zinssatz:	6 % p. a.
Tilgung:	5 Raten zu je 120.000 €
Tilgungsfälligkeit:	jeweils jährlich nachschüssig am 01.10.

Am 01.10.2021 buchte Herr Rosshoff wie folgt:

Sollkonto	Betrag (€)	Habenkonto
1800 (1200) Bank	576.000,00	**3160** (0649) Verbindlichk. gegenüber Kreditinstituten

Das Damnum/Disagio soll auch in der Handelsbilanz aktiviert werden; seine Abschreibung soll arithmetisch-degressiv erfolgen.

Bilden Sie alle notwendigen Buchungssätze für die Jahresabschlüsse zum 31.12.2021 und zum 31.12.2022.

Zeitliche Abgrenzung von Aufwendungen und Erträgen

Lösung:

Korrekturbuchung zum 01.10.2021:

Sollkonto	Betrag (€)	Habenkonto
1940 (0986) Damnum/Disagio	24.000,00	**3160** (0649) Verb. g. Kreditinstituten

Buchung zum Jahresabschluss 31.12.2021:

Sollkonto	Betrag (€)	Habenkonto
7324 (2124) Abschr. auf Disagio	2.000,00*	**1940** (0986) Damnum/Disagio

    * Arithmetisch-degressive Auflösung des Damnums/Disagios zum 31.12.2021:
    $\frac{5}{15}$ von 24.000 € x $\frac{3}{12}$ = 2.000 € (siehe auch Lehrbuch, Seite 192)

Zinsaufwendungen des Jahres 2021 als „Sonstige Verbindlichkeiten":

Sollkonto	Betrag (€)	Habenkonto
7320 (2120) Zinsaufwendungen	9.000,00*	**3500** (1700) Sonstige Verbindlichk.

    * 600.000 € x 6 % x $\frac{3}{12}$ = 9.000 €

Information: Buchung der ersten Tilgungsrate mit Zinsen zum 01.10.2022

Sollkonto	Betrag (€)	Habenkonto
3160 (0649) Verb. g. Kreditinst.	120.000,00	
7320 (2120) Zinsaufwendungen	27.000,00*	
3500 (1700) Sonst. Verbindlichk.	9.000,00	
	156.000,00	**1800** (1200) Bank

    * 600.000 € x 6 % x $\frac{9}{12}$ = 27.000 €

Buchung zum Jahresabschluss 31.12.2022:

Sollkonto	Betrag (€)	Habenkonto
7320 (2120) Zinsaufwendungen	7.600,00*	**1940** (0986) Damnum/Disagio

    * Arithmetisch-degressive Auflösung des Damnums/Disagios zum 31.12.2022:
                $\frac{5}{15}$ von 24.000 € x $\frac{9}{12}$ = 6.000 €
                $\frac{4}{15}$ von 24.000 € x $\frac{3}{12}$ = 1.600 €
                                      7.600 €

Zinsaufwendungen des Jahres 2022 als „Sonstige Verbindlichkeiten":

Sollkonto	Betrag (€)	Habenkonto
7320 (2120) Zinsaufwendungen	7.200,00*	**3500** (1700) Sonstige Verbindlichk.

    * 600.000 € – 120.000 € (Tilgung) = 480.000 € x 6 % x $\frac{3}{12}$ = 7.200 €

96 Grundlagen der Bilanzierung

AUFGABE

Der Gewerbetreibende Franke, der zum Vorsteuerabzug berechtigt ist, hat 2021 einen neuen Pkw für seinen Betrieb gekauft und einen gebrauchten Pkw in Zahlung gegeben. Der Lieferer erteilt ihm folgende Abrechnung:

Lieferung eines Pkws Mercedes E 200, Listenpreis, netto		45.000 €
+ Zubehör		3.400 €
+ Überführungskosten		600 €
		49.000 €
+ 19 % USt		9.310 €
insgesamt		58.310 €
– Inzahlungnahme eines gebrauchten Pkws Audi A4	9.500 €	
+ 19 % USt	1.805 €	– 11.305 €
Restbetrag		47.005 €

Wie hoch sind die Anschaffungskosten des neuen Pkws?

Lösung:

Die Anschaffungskosten des neuen Pkws betragen **49.000 €**.

AUFGABE

Der Gewerbetreibende Bendel, der zum Vorsteuerabzug berechtigt ist, hat 2021 Waren für 8.000 € netto zuzüglich 1.520 € USt bezogen. Für Fracht hat er 300 € netto zuzüglich 57 € USt und für Rollgeld hat er 100 € netto zuzüglich 19 € bar gezahlt. Den Kaufpreis hat er durch Akzept beglichen. Der Lieferer hat ihm hierfür 400 € Diskont in Rechnung gestellt.

Wie hoch sind die Anschaffungskosten der Waren?

Lösung:

Kaufpreis		8.000 €
+ Anschaffungsnebenkosten		
Fracht	300 €	
Rollgeld	100 €	400 €
= **Anschaffungskosten** der Waren		**8.400 €**

Die **Geldbeschaffungskosten** in Höhe von 400 € gehören **nicht** zu den Anschaffungskosten der Waren.

AUFGABE

Welche Arten der zeitlichen Abgrenzung sind am Bilanzstichtag (31.12.2021) bei den Vertragspartnern vozunehmen?

1. Der Mieter zahlt die Miete für Januar bis März 2022 für die Geschäftsräume schon am 21.12.2021.
2. Der Kreditnehmer muss die Zinsen für das Jahr 2021 nachschüssig erst im Januar 2022 zahlen.
3. Der Kreditnehmer muss die Zinsen für das Jahr 2022 vorschüssig im Dezember 2021 zahlen.
4. Der Leasinggeber vereinnahmt die Leasingraten (Mietleasing) für den Zeitraum Oktober 2021 bis März 2022 am 01.10.2021.

Grundlagen der Bilanzierung | **97**

Lösung:

1. Mieter: Aktive RAP/Vermieter: Passive RAP
2. Kreditnehmer: Sonstige Verbindlichkeiten/Kreditgeber: Sonstige Vermögens-
   gegenstände
3. Kreditnehmer: Aktive RAP/Kreditgeber: Passive RAP
4. Leasinggeber: Passive RAP/Leasingnehmer: Aktive RAP

AUFGABE

Der Schreinermeister Rudi Franke, Öhringen, war bis zum 31.12.2021 als Arbeitnehmer tätig. Dank einer Erbschaft hat er zum 01.01.2022 den Betrieb des Peter Ernst, Bretzfeld, übernommen. Peter Ernst ist 65 Jahre alt und will sich zur Ruhe setzen. Rudi Franke übernimmt den kompletten Betrieb mit dem ganzen Vermögen und den Schulden und hat dem Einzelunternehmer Peter Ernst dafür einen Kaufpreis von 1.400.000 € gezahlt.
Peter Ernst hat zum 31.12.2021 folgende handelsrechtliche Schlussbilanz erstellt:

Aktiva	Bilanz zum 31.12.2021		Passiva
Grundstücke	400.000 €	Eigenkapital	200.000 €
Maschinen	200.000 €	Bankverbindlichkeiten	650.000 €
Vorräte	80.000 €	Verbindlichkeiten aLuL	150.000 €
Forderungen aLuL	280.000 €		
Kasse, Bank	40.000 €		
	1.000.000 €		1.000.000 €

Gemäß einem Gutachten haben die Grundstücke einen aktuellen Marktwert in Höhe von 1.300.000 € und die Maschinen von 220.000 €. Bei den Forderungen ist wegen des allgemeinen Kreditrisikos ein Abschlag von 20.000 € vorzunehmen.
Erstellen Sie die handelsrechtliche Eröffnungsbilanz des Käufers Rudi Franke zum 01.01.2022.

Lösung:

Rudi Franke muss zum 01.01.2022 eine Eröffnungsbilanz erstellen. Dabei sind die erworbenen Vermögensgegenstände mit ihren Anschaffungskosten anzusetzen:

		Grundstücke	Maschinen	Forderungen
	Buchwert	400.000 €	200.000 €	280.000 €
+	stille Reserve	+ 900.000 €	+ 20.000 €	− 20.000 €
=	Anschaffungskosten	**1.300.000€**	**220.000€**	**260.000€**

Ermittlung des Geschäfts- oder Firmenwerts:

	Kaufpreis	1.400.000 €
−	Vermögen	− 1.900.000 €
+	Schulden	+ 800.000 €
=	AK des Geschäfts- oder Firmenwerts	**300.000€**

Für den entgeltlich erworbenen Geschäfts- oder Firmenwert besteht eine Aktivierungs-**pflicht** (§ 246 Abs. 1 Satz 4 HGB).
Die endgültige (vereinfachte) **Eröffnungsbilanz** muss demnach wie folgt aussehen:

98 Grundlagen der Bilanzierung

Aktiva	Bilanz zum 01.01.2022		Passiva
Firmenwert	**300.000 €**	Eigenkapital	**1.400.000 €**
Grundstücke	**1.300.000 €**	Bankverbindlichkeiten	650.000 €
Maschinen	**220.000 €**	Verbindlichkeiten aLuL	150.000 €
Vorräte	80.000 €		
Forderungen aLuL	**260.000 €**		
Kasse, Bank	**40.000 €**		
	2.200.000 €		2.200.000 €

AUFGABE

Die Subway AG, Mannheim, beherrscht ein Tiefbauverfahren im U-Bahnbau, das ihr in Mitteleuropa einen erheblichen Wettbewerbsvorteil gegenüber den Konkurrenten bringt. Der bauleitende Ingenieur Franz Gans kündigte seinen Arbeitsvertrag mit der Subway AG zum 30.09.2021. Der Vorstand der AG zahlte dem Ingenieur eine Abfindung in Höhe von 240.000 €; Franz Gans versicherte dafür der Subway AG, das Tiefbauverfahren in den nächsten zwei Jahren weder selbständig noch unselbständig anzuwenden. Der Buchhalter der Subway AG buchte die Abfindung als Personalaufwand.

Überprüfen Sie die Vorgehensweise des Buchhalters.

Lösung:

Die Abfindung stellt keinen sofort abzugsfähigen Aufwand (= Personalaufwand) dar, weil ein Vermögensgegenstand in Form eines Wettbewerbsverbotes erworben wurde. Die drei Qualifikationsmerkmale (wirtschaftlicher Wert, selbständige Bewertbarkeit und Verkehrsfähigkeit) sind gegeben. Der immaterielle Vermögensgegenstand muss aktiviert und auf die Nutzungsdauer (2 Jahre) linear abgeschrieben werden.

AUFGABE

Der selbständige Schreinermeister Dieter Hobel, Münster, hat im Geschäftsjahr neue Maschinen für seinen Betrieb in Höhe von 600.000 € (netto) angeschafft. Die Investition wurde mit Eigenkapital finanziert. Im Herbst des Jahres 2021 erhält Hobel einen Großauftrag und muss deswegen für 400.000 € Rohstoffe und Einbauteile kaufen. Seine Hausbank finanziert den Einkauf, aber er muss das Eigentum an den neuen Maschinen sicherungshalber an die Hausbank abtreten, dadurch wird die Bank bürgerlich-rechtlicher Eigentümer, Hobel bleibt Besitzer der Maschinen und fertigt damit den Auftrag.
Welcher der Beteiligten muss die Maschinen in seiner Bilanz ausweisen?

Lösung:

Die Hausbank ist zwar bürgerlich-rechtlicher Eigentümer der Maschinen, aber der Besitzer Hobel kann die Bank von der Nutzung ausschließen, so lange er seine Pflichten aus dem Kreditvertrag korrekt erfüllt.
Deswegen bleibt nach der wirtschaftlichen Betrachtungsweise Herr Hobel „wirtschaftlicher Eigentümer". Als wirtschaftlicher Eigentümer muss Herr Hobel die Maschinen in seiner Bilanz ausweisen (§ 246 Abs. 1 HGB, § 39 Abs. 2 AO).

Bilanzierung des abnutzbaren Anlagevermögens | **99**

AUFGABE

Die Maier OHG, Darmstadt, erwarb am 18.05.2021 ein Bürogebäude, Baujahr 1994, für 600.000 €. Der Bodenwertanteil am Gesamtkaufpreis beträgt 20 %. Der Kauf des Gebäudes ist ordnungsgemäß gebucht. Die OHG unterstellt eine betriebsgewöhnliche Nutzungsdauer von 40 Jahren.

Bilden Sie noch die Buchungssätze für folgende Vorgänge, die durch Banküberweisung gezahlt wurden.

1. Notargebühren für den Kaufvertrag   4.000 €
    und für eine Grundschuldbestellung   1.200 €

                                     5.200 € + 19 % USt 988 € = 6.188 €

2. Grunderwerbsteuer 6 %

3. Wie hoch sind die Anschaffungskosten des Gebäudes?

4. Bilden Sie den Buchungssatz für die höchstmögliche Abschreibung zum 31.12.2021 für die für <u>steuerrechtliche Zwecke</u> getrennt geführte Anlagenbuchhaltung.

Lösung:

zu 1.

Sollkonto	Betrag (€)	Habenkonto
0235 (0085) Bebaute Grundstücke	800,00	**1800** (1200) Bank
0240 (0090) Geschäftsbauten	3.200,00	**1800** (1200) Bank
6350 (2350) Grundstücksaufwendungen	1.200,00	**1800** (1200) Bank
1406 (1576) Vorsteuer 19 %	988,00	**1800** (1200) Bank

zu 2.

Sollkonto	Betrag (€)	Habenkonto
0235 (0085) Bebaute Grundstücke	7.200,00	**1800** (1200) Bank
0240 (0090) Geschäftsbauten	28.800,00	**1800** (1200) Bank

zu 3.

Kaufpreis (80 % von 600.000 €)	480.000,00 €
+ Anschaffungsnebenkosten	
Notargebühren für Kaufvertrag (80 % von 4.000 €)	3.200,00 €
Grunderwerbsteuer (6 % von 480.000 €)	28.800,00 €
= **Anschaffungskosten** Gebäude	**512.000,00 €**

zu 4.

Sollkonto	Betrag (€)	Habenkonto
6221 (4831) Abschreibung auf Gebäude	10.240,00*	**0240** (0090) Geschäftsbauten

     * 3 % von 512.000 € = 15.360 € x $\frac{8}{12}$ = 10.240,00 € (siehe Lehrbuch Seiten 108 ff.)

Bilanzierung des abnutzbaren Anlagevermögens

AUFGABE

Der buchführende Gewerbetreibende Andreas Schlaudt hat im Januar 2020 eine Maschine mit einer Nutzungsdauer von zehn Jahren für 100.000 € (AK) angeschafft. Schlaudt schreibt die Maschine jährlich mit 10.000 € linear ab.

Zum 31.12.2021 ist der Teilwert der Maschine auf 50.000 € gesunken. Die Restnutzungsdauer beträgt noch acht Jahre.

Ist eine Teilwertabschreibung nach § 6 Abs. 1 Nr. 1 Satz 2 EStG zulässig?

Lösung:

Eine Teilwertabschreibung nach § 6 Abs. 1 Nr. 1 Satz 2 EStG ist nur zulässig, wenn die Wertminderung der Maschine voraussichtlich von Dauer ist.

Eine **voraussichtlich dauernde Wertminderung** liegt bei **abnutzbaren Anlagegütern** dann vor, wenn der Wert des jeweiligen Wirtschaftsgutes zum Bilanzstichtag mindestens für die **halbe Restnutzungsdauer unter dem planmäßigen Restbuchwert** liegt (BMF-Schreiben vom 02.09.2016 IV C 6 – S 2171-b/09/10002, Tz. 8).

Die Wertminderung ist – wie die folgenden Rechnungen zeigen – voraussichtlich **nicht** von Dauer, sodass eine Teilwertabschreibung auf 50.000 € **nicht** zulässig ist.

Wertminderung über halbe Restnutzungsdauer = 10.000 € x 8/2 = **40.000 €**

Da der Wert der Maschine nach der halben Restnutzungsdauer (40.000 €) **kleiner** ist als der Teilwert (50.000 €), ist die voraussichtlich dauernde Wertminderung **nicht** von Dauer.

Jahr	AK	AfA	Restwert	Teilwert	
2020	100.000 €	10.000 €	90.000 €	—	
2021	100.000 €	10.000 €	80.000 €	50.000 €	
2022	100.000 €	10.000 €	70.000 €	50.000 €	halbe Restnutzungs-
2023	100.000 €	10.000 €	60.000 €	50.000 €	dauer (4 Jahre)
2024	100.000 €	10.000 €	50.000 €	50.000 €	
2025	100.000 €	10.000 €	**40.000 €**	**50.000 €**	

Restwert ist **kleiner** als der Teilwert

Bilanzierung des abnutzbaren Anlagevermögens

AUFGABE

Der bilanzierende Großhändler Hans Port, München, kaufte am 09.09.2021 ein benachbartes Betriebsgebäude für 250.000 €, das 1995 fertiggestellt wurde. Der Anteil des Grund und Bodens beträgt 20 %. Der Übergang von Besitz, Nutzen, Lasten und Gefahren erfolgte am 05.11.2021.

Bilden Sie noch die Buchungssätze für folgende Vorgänge, die durch Banküberweisung gezahlt wurden.

1. Herr Port zahlt den Kaufpreis im November 2021.
2. Herr Port erhält am 12.10.2021 die Notarrechnung für den Kaufpreis einschließlich der Umschreibung in Höhe von 2.000 € sowie die Eintragung einer Grundschuld in Höhe von 300 € jeweils zuzüglich USt und zahlte im Oktober 2021 den Gesamtbetrag.
3. Vom Grundbuchamt erhält Herr Port am 07.12.2021 die Gebührenrechnung für die Umschreibung des Eigentums in Höhe von 600 € sowie die Eintragung der Grundschuld von 250 €. Die Zahlung erfolgt im Dezember 2021.
4. Am 28.09.2021 erhält Herr Port den Grunderwerbsteuerbescheid (3,5 %). Die Zahlung erfolgt im Oktober 2021.
5. Herr Port möchte die höchstmögliche steuerliche AfA des Gebäudes zum 31.12.2021 für die für steuerrechtliche Zwecke getrennt geführte Anlagenbuchhaltung in Anspruch nehmen.

Lösung:

Tz.	Sollkonto	Betrag (€)	Habenkonto
1.	**0235** (0085) Bebaute Grundstücke	50.000,00	**1800** (1200) Bank
	0240 (0090) Geschäftsbauten	200.000,00	**1800** (1200) Bank
2.	**0235** (0085) Bebaute Grundstücke	400,00	**1800** (1200) Bank
	0240 (0090) Geschäftsbauten	1.600,00	**1800** (1200) Bank
	0825 (4950) Rechts- und Beratungsk.	300,00	**1800** (1200) Bank
	1406 (1576) Vorsteuer 19 %	437,00	**1800** (1200) Bank
3.	**0235** (0085) Bebaute Grundstücke	120,00	**1800** (1200) Bank
	0240 (0090) Geschäftsbauten	480,00	**1800** (1200) Bank
	6350 (2350) Grundstücksaufwend.	250,00	**1800** (1200) Bank
4.	**0235** (0085) Bebaute Grundstücke	1.750,00	**1800** (1200) Bank
	0240 (0090) Geschäftsbauten	7.000,00	**1800** (1200) Bank
5.	**6221** (4831) Abschr. auf Gebäude	1.045,40	**0240** (0090) Geschäftsb.

zu 1.   20 % von 250.000 € =   50.000 €
           80 % von 250.000 € = 200.000 €

zu 2.   20 % von 2.000 € =   400 €
           80 % von 2.000 € = 1.600 €
           19 % von 2.300 € =   437 €

zu 3.   20 % von 600 € =   120 €
           80 % von 600 € =   480 €

102 Bilanzierung des abnutzbaren Anlagevermögens

| zu 4. | 3,5 % von 250.000 € = | 8.750 € |
| | 20 % von 8.750 € = | 1.750 € |

zu 5.	Kaufpreis Gebäude (80 % von 250.000 €)	200.000 €
	+ Notarkosten (80 % von 2.000 €)	1.600 €
	+ Grundbuchkosten (80 % von 600 €)	480 €
	+ Grunderwerbsteuer (80 % von 8.750 €)	7.000 €
	= Anschaffungskosten Gebäude	209.080 €
	3 % von 209.080 € = 6.272,40 € x 2/12 =	1.045,40 €

AUFGABE

Die Weingut AG, Bretzfeld, hat im Jahre 2021 eine neue Produktionsmaschine angeschafft. Die Maschine hat eine betriebsgewöhnliche Nutzungsdauer (ND) von 12 Jahren. Der Kaufvertrag wurde am 26.03.2021 abgeschlossen und am 16.04.2021 eine Anzahlung von 238.000 € (inkl. USt) geleistet. Die Maschine wurde am 24.08.2021 geliefert und vom Lieferanten montiert. Der Probelauf und die Übergabe der Maschine erfolgten am 03.09.2021. Die Montagekosten betrugen 20.000 € (netto) und wurden sofort bar bezahlt. Am 05.10.2021 wurde der Restkaufpreis in Höhe von 452.200 € überwiesen.

1. Ermitteln Sie die Anschaffungskosten der Maschine.
2. Mit welchem Wert muss die Maschine in der Handelsbilanz zum 31.12.2021 ausgewiesen werden, wenn das Unternehmen einen maximalen Gewinn ausweisen will?
3. Mit welchem Wert muss die Maschine in der Steuerbilanz zum 31.12.2021 ausgewiesen werden, wenn das Unternehmen einen maximalen Gewinn ausweisen will?

Lösung:

zu 1.

	Anzahlung (netto)		200.000 €
	+ Montage	+	20.000 €
	+ Restzahlung (netto)	+	380.000 €
	= Anschaffungskosten		**600.000 €**

zu 2.
Der lineare Abschreibungssatz beträgt 8 ⅓ % (100 : 12 Jahre ND).

	Anschaffungskosten		600.000 €
	– AfA (50.000 € x 4/12)	–	16.667 €
	= Buchwert zum 31.12.2021		**583.333 €**

zu 3.
Die Maschine ist steuerrechtlich auch linear abzuschreiben, um einen maximalen steuerlichen Gewinn zu erzielen.
Die AfA beginnt am 01.09.2021 (R 7.4 (1) Satz 4 EStR 2012).
Der lineare AfA-Satz beträgt 8 ⅓ % (100 : 12 Jahre = 8 ⅓ %).
600.000 € x 8 ⅓ % = 50.000 € x 4/12 = **16.667 €**

Es ergeben sich somit keine Unterschiede zum Handelsrecht.

Bilanzierung des abnutzbaren Anlagevermögens

AUFGABE

Der bilanzierende Gewerbetreibende Helmut Albrecht, Magdeburg, hat im Jahre 2020 ein unbebautes Grundstück erworben, das er seit der Anschaffung als Lagerplatz für seinen Betrieb nutzt. Der Anschaffungsvorgang wurde ordnungsgemäß gebucht.

Im Jahre 2021 ließ Helmut Albrecht das Grundstück mit einem massiven Zaun einfrieden. Der Zaun wurde von dem Bauunternehmer Oskar Sailer, Halle, am 05.10.2021 fertiggestellt. Die Rechnung lautete über 48.000 € (netto). Die Vorsteuer wurde ordnungsgemäß erfasst. Die Nutzungsdauer der Einfriedung beträgt 10 Jahre. Albrecht buchte die Eingangsrechnung wie folgt:

Sollkonto	Betrag (€)	Habenkonto
6350 (2350) Grundstücksaufwendungen	48.000,00	**3300** (1600) Verbindlichk. aLuL

Nehmen Sie die notwendigen Korrekturbuchungen in der für steuerrechtliche Zwecke getrennt geführten Anlagenbuchhaltung vor. Albrecht strebt einen möglichst geringen steuerrechtlichen Gewinn für 2021 an.

Lösung:

Die Einfriedung ist ein eigenständiges abnutzbares unbewegliches Wirtschaftsgut, aber kein Gebäude oder Gebäudeteil (R 7.1 EStR 2012). Sie ist abnutzbar und deswegen abzuschreiben. Die degressive AfA scheidet aus, da es sich nicht um ein bewegliches Wirtschaftsgut handelt.

Korrekturbuchung:

Sollkonto	Betrag (€)	Habenkonto
0310 (0111) Außenanlagen	48.000,00	**6350** (2350) Grundstücksaufwend.

Abschreibung zum 31.12.2021:

Sollkonto	Betrag (€)	Habenkonto
6220 (4830) Abschreibungen	1.200,00*	**0310** (0111) Außenanlagen

* 1.200 € (48.000 € : 10 = 4.800 € x $\frac{3}{12}$)

AUFGABE

Der bilanzierende Gewerbetreibende Thomas Stein, Hamburg, hat ein Bauunternehmen. Für die im Anlagevermögen vorhandenen Gerüstteile hat er seit dem 31.12.2018 einen Festwert in Höhe von 30.000 € gebildet. Die Inventur zum 31.12.2021 ergab einen Bestand im Wert von 35.000 €. Stein ersetzt immer bei Verlust oder Verbrauch die Teile, sodass immer eine bestimmte Mindestmenge von Gerüstteilen vorhanden ist.

Im Jahre 2021 erwarb Stein in diesem Zusammenhang Gerüstteile im Wert von 3.000 € und im Jahre 2022 für 4.000 € und erfasste den Einkauf korrekt auf dem Konto „**6845** (4985) Werkzeuge und Kleingeräte". Stein möchte den Festwert weiter fortführen.

Welche Buchungen sind in den Jahresabschlüssen zum 31.12.2021 und 31.12.2022 vorzunehmen?

104 Bilanzierung des abnutzbaren Anlagevermögens

Lösung:

Da der durch die körperliche Inventur ermittelte Wert (= 35.000 €) zum 31.12.2021 um mehr als 10 % gegenüber dem bisherigen Festwert (= 30.000 €) gestiegen ist, muss eine Anpassung auf den neuen Wert vorgenommen werden.

Dabei sind die als Aufwand gebuchten Ersatzbeschaffungen der Geschäftsjahre so lange aufzustocken bis der neue Festwert erreicht ist (R 5.4 Abs. 3 EStR 2012).

Diese Regel gilt auch für den handelsrechtlichen Abschluss (§ 240 Abs. 3 HGB).

Buchung zum 31.12.2021:

Sollkonto	Betrag (€)	Habenkonto
0660 (0460) Gerüstmaterial	3.000,00	**6845** (4985) Werkzeuge u. Kleingeräte

Buchung zum 31.12.2022:

Sollkonto	Betrag (€)	Habenkonto
0660 (0460) Gerüstmaterial	2.000,00*	**6845** (4985) Werkzeuge u. Kleingeräte

*	„alter" Festwert	30.000 €
	+ Zukauf 2021	**3.000 €**
	=	33.000 €
	- „neuer" Festwert	- 35.000 €
	=	- 2.000 €
	+ Anteil (2.000 €) aus Zukauf 2022 (4.000 €) =	+ **2.000 €**

Der neue Festwert von 35.000 € ist somit erreicht. Auf dem Konto **6845** (4985) verbleiben noch 2.000 € Aufwendungen.

Bilanzierung der Forderungen | 105

A U F G A B E

Die vorläufige Saldenliste des Unternehmers Werner Klein, Bonn, weist zum 31.12.2021 einen Forderungsbestand von 1.136.450,00 € aus.
Darin sind enthalten:

1. eine Forderung an den Kaffeehausbetreiber Ludwig Koch in Köln aufgrund einer Lieferung vom 23.11.2021 in Höhe von 6.000 € + 1.140 € USt (Zahlungsziel 3 Monate). Ende Februar 2022 brannte das Kaffehausgebäude ab. Ludwig Koch befindet sich seitdem wegen vorsätzlicher Brandstiftung in Untersuchungshaft. Es ist davon auszugehen, dass es bei der Forderung zu einem Totalausfall kommen wird;

2. eine Forderung an den Restaurantinhaber Luigi Prappatoni in Bochum in Höhe von 30.000 € + 5.700 € USt aufgrund der Lieferung und Montage einer Großkücheneinrichtung am 26.10.2021 (Zahlungsziel 30 Tage). Nach mehreren vergeblichen Zahlungsaufforderungen Anfang Dezember 2021 erfuhr Werner Klein erstmals im Januar 2022, dass am 14.12.2021 über das Vermögen des Luigi Prappatoni das Insolvenzverfahren eröffnet wurde. Nach Aussage des Insolvenzverwalters ist voraussichtlich mit einem Totalausfall der Forderung zu rechnen;

3. eine Forderung an das Finanzministerium des Landes Nordrhein-Westfalen (Auftraggeber) nach Installation einer Kantine für die Beamten und Angestellten in der Oberfinanzdirektion Münster von insgesamt 70.000 € + 13.300 € USt.

4. Das allgemeine Forderungsausfallrisiko beträgt 3 %. Die aus 2020 vorgetragene Pauschalwertberichtigung auf Forderungen beträgt 24.830 €.

Der Zeitpunkt der Bilanzaufstellung für die Bilanz 2021 ist der 15.03.2022. Bilden Sie die erforderlichen Buchungssätze für 2021. Klein strebt einen möglichst geringen steuerlichen Gewinn an. Sollte eine Buchung nicht notwendig sein, begründen Sie Ihre Entscheidung.

Lösung:

zu 1.

Es ist keine Buchung vorzunehmen, weil die Änderung der Werthaltigkeit der Forderung zwar **vor** dem Tag der Bilanzaufstellung (15.03.2022), jedoch erst **nach** dem Bilanzstichtag (31.12.2021) eingetreten ist (**später eintretende wertbegründende Tatsache**, siehe Lehrbuch, Seite 163).

zu 2.

Obwohl Werner Klein erst im Januar 2022 von der Eröffnung des Insolvenzverfahrens erfahren hat, sind wegen der besseren Erkenntnisse bis zum Zeitpunkt der Bilanzaufstellung (15.03.2022) die bereits im Wirtschaftsjahr 2021 eingetretenen Gründe für die Wertminderung der Forderung zu berücksichtigen (**wertaufhellende Tatsache**, siehe Lehrbuch, Seiten 25 und 163).

Buchungssatz:

Sollkonto	Betrag (€)	Habenkonto
6930 (2400) Forderungsverluste	30.000,00	**1200** (1400) Forderungen aLuL
3806 (1776) Umsatzsteuer 19 %	5.700,00	**1200** (1400) Forderungen aLuL

106 Bilanzierung der Forderungen

zu 3.

> Es ist keine Buchung vorzunehmen. Die Forderung ist mit 83.300 € anzusetzen.
> Forderungen an die „öffentliche Hand" (Gebietskörperschaft) unterliegen keinem Forderungsausfallrisiko, weil kein Zahlungsunfähigkeitsrisiko bei diesem Kundenkreis besteht.

zu 4.

> Die Pauschalwertberichtigung wird wie folgt ermittelt:
>
> | | | |
> |---|---|---:|
> | | vorläufiger Bestand lt. Saldenliste | 1.136.450,00 € |
> | - | Forderung Luigi Prappatoni | - 35.700,00 € |
> | - | Forderung Finanzministerium NRW | - 83.300,00 € |
> | = | Bruttowert | 1.017.450,00 € |
> | | Nettowert (1.017.450 € : 1,19) | 855.000,00 € |
> | x | 3 % allgemeines Ausfallrisiko | |
> | = | **Pauschalwertberichtigung** (3 % von 855.000 €) | **25.650,00 €** |
> | - | Pauschalwertberichtigung Vorjahr | **- 24.830,00 €** |
> | = | Zuführung | **820,00 €** |
>
> Buchungssatz:
>
> | Sollkonto | Betrag (€) | Habenkonto |
> |---|---|---|
> | **6920** (2450) Einstellung in d. PWB | 820,00 | **1248** (0996) PWB auf Forderungen |

AUFGABE

Der bilanzierende Gewerbetreibende Frieder Frust, Osnabrück, erstellt am 15.03.2022 für seine Maschinenfabrik den Jahresabschluss zum 31.12.2021. Dabei ist noch folgendes Problem zu lösen:

Am 12.11.2021 lieferte Frust eine Maschine an einen Kunden in die USA; ein Ausfuhrnachweis und die Ausgangsrechnung liegen vor. Der Kaufpreis für die Maschine beträgt 200.000 $; er ist am 21.01.2022 fällig. Zum Zeitpunkt der Lieferung beträgt der Devisenkassamittelkurs 1,00 € = 1,20 $. Seit Vertragsabschluss verbesserte sich der Dollarkurs. Am Bilanzstichtag beträgt der Kurs 1,00 € = 1,10 $ und am Tag der Bilanzaufstellung 1,00 € = 1,15 $. Am Tag der Lieferung buchte der Bilanzbuchhalter des Unternehmens wie folgt:

Sollkonto	Betrag (€)	Habenkonto
1200 (1400) Forderungen aLuL	166.666,66*	**4120** (8120) Steuerfreie Umsätze § 4 Nr. 1a UStG

    * 200.000 $: 1,20 $ = 166.666,66 €

Mit welchem Wert muss die Forderung an den US-amerikanischen Kunden in der Handels- und Steuerbilanz zum 31.12.2021 aktiviert werden?

Bilanzierung der Wertpapiere | 107

Lösung:

Nach § 256a HGB sind auf fremde Währung lautende Vermögensgegenstände zum
Devisenkassamittelkurs **am Bilanzstichtag** umzurechnen. Dabei wird bei einer
Restlaufzeit von einem Jahr oder weniger § 252 Abs. 1 Nr. 4 außer Kraft gesetzt. In
der **Handelsbilanz** muss somit die Forderung mit **181.818,18 €** (200.000 $: 1,10 $)
ausgewiesen werden. Die Erträge aus der Umrechnung in Höhe von 15.151,52 €
(181.818,18 € – 166.666,66 €) sind gemäß § 277 Abs. 5 HGB in der GuV-Rechnung als
„Sonstige betriebliche Erträge" auszuweisen.

In der **Steuerbilanz** sind diese Erträge **nicht** auszuweisen (§ 6 Abs. 1 Nr. 2 EStG).

AUFGABE

Der bilanzierende Gewerbetreibende Leonard Frost, Berlin, erstellt am 15.03.2022 für seine
Maschinenfabrik den Jahresabschluss zum 31.12.2021. Dabei ist noch folgendes Problem
zu lösen:

Am 03.08.2021 erwarb Frost 1.000 Aktien der Muster AG, Frankfurt. Die Hausbank erstellte
ihm folgende Abrechnung:

	1.000 Aktien zum Kurswert von je 4,00 €	4.000,00 €
+	2 % Nebenkosten	80,00 €
=	Bankbelastung	4.080,00 €

Herr Frost buchte die Anschaffung der Wertpapiere wie folgt:

Sollkonto	Betrag (€)	Habenkonto
1510 (1348) Sonst. Wertpapiere	4.000,00	
6855 (4970) Nebenkosten des Geldverkehrs	80,00	
	4.080,00	**1800** (1200) Bank

Am 03.12.2021 verkaufte Frost 600 Aktien zum Kurs von 5,00 € je Aktie; die Hausbank
berechnete ihm 60,00 € Nebenkosten und überwies ihm den Betrag von 2.940,00 € auf das
private Bankkonto; deswegen erfolgte noch keine Buchung.

Am Bilanzstichtag hatten die Aktien einen Kurs von 3,50 € und am Tag der Bilanzerstellung
von 3,40 €. Frost will einen möglichst geringen steuerlichen Gewinn ausweisen.

1. Mit welchem Wert müssen die Aktien in der Handels- und Steuerbilanz zum
   31.12.2021 ausgewiesen werden?

2. Nehmen Sie alle erforderlichen Buchungen des Wirtschaftsjahres 2021 vor.

Bilanzierung der Wertpapiere

Lösung:

Steuerrechtlich gelten bei **börsennotierten** Aktien Kursverluste als **voraussichtlich dauerhafte Wertminderung**, wenn sie am Bilanzstichtag eine Bagatellgrenze von **5 % vom Kurs zum Erwerbszeitpunkt** überschreiten. Kursänderungen nach dem Bilanzstichtag und bis zum Tag der Bilanzaufstellung gelten als **wertbegründende** Tatsachen und sind daher nicht zu berücksichtigen (BMF-Schreiben vom 02.09.2016, IV C 6 – S 2171-b/09/10002, Tz. 17, 19).

Der Aktienkurs ist **voraussichtlich dauerhaft** gefallen (**> 5 % der AK**). Die Aktien können deshalb in der **Steuerbilanz** zum 31.12.2021 mit dem **niedrigeren Teilwert** angesetzt werden (Wahlrecht):

	400 Aktien zum Kurswert von je 3,50 €	1.400,00 €
+	2 % (fiktive) Nebenkosten	28,00 €
=	Teilwert (Wiederbeschaffungskosten)	**1.428,00 €**

Anschaffungskosten (Buchwert): 4.080 € : 1.000 x 400 = 1.632,00 €

Nach dem **HGB** gilt das „**strenge Niederstwertprinzip**"; daher auch hier der Ansatz des niedrigeren Wertes.

zu 2.

Korrekturbuchung zum Anschaffungsvorgang:

Sollkonto	Betrag (€)	Habenkonto
1510 (1348) Sonstige Wert-papiere	80,00	**6855** (4970) Nebenkosten des Geld-verkehrs

Die **Anschaffungskosten** der Wertpapiere betragen somit **4.080 €**.

Verkauf von 600 Stück Aktien:

Sollkonto	Betrag (€)	Habenkonto
2100 (1800) Privatentnahmen	2.940,00* 2.448,00 492,00	**1510** (1348) Sonstige Wertpapiere **4906** (8852) Erträge aus Wertp. V.

*	600 Aktien zum Kurswert von je 5,00 €	3.000,00 €
−	2 % Nebenkosten	60,00 €
=	Bankgutschrift	2.940,00 €

Anmerkung: Der Ertrag von 492 € ist zu **40 % steuerfrei** (Teileinkünfteverfahren).

Buchung vorbereitender Abschlussarbeiten:

Sollkonto	Betrag (€)	Habenkonto
7210 (4875) Abschr. WP des UV	204,00	**1510** (1348) Sonstige Wertpapiere

Bilanzierung der Verbindlichkeiten 109

AUFGABE

Die bilanzierende Gewerbetreibende Simone Metzger hat – weil sie mit ihrem Betrieb Liquiditätsprobleme hatte – von ihrem Vater am 01.10.2021 ein unverzinsliches Fälligkeitsdarlehen über 200.000 € mit einer Laufzeit von 10 Jahren erhalten. Die Bankgutschrift der Darlehenssumme buchte sie wie folgt:

Sollkonto	Betrag (€)	Habenkonto
1800 (1200) Bank	200.000,00	**3507** (0750) Sonstige Verbindlichkeiten

1. Bewerten Sie die Verbindlichkeit zum 31.12.2021 nach dem HGB und dem EStG.
2. Mit welchem Wert muss die Verbindlichkeit in der Einheitsbilanz passiviert werden?
3. Welche praktischen Folgen ergeben sich aus der Durchbrechung des Maßgeblichkeitsprinzips?
4. Ermitteln Sie den steuerlichen Wertansatz der Verbindlichkeit zum 31.12.2022 und zum 31.12.2030.

Lösungshinweis: BMF-Schreiben vom 26.05.2005 [BStBl I S. 699, Anhang 9 (V) EStH]. Das Vereinfachungsverfahren soll zur Anwendung kommen.

Lösung:

zu 1.

Nach den **handelsrechtlichen** Vorschriften (§ 253 Abs. 1 HGB) ist die Verbindlichkeit mit dem Erfüllungsbetrag in Höhe von **200.000 €** anzusetzen.

Nach den **steuerrechtlichen** Vorschriften (§ 6 Abs. 1 Nr. 3 EStG) ist die Verbindlichkeit abzuzinsen.

Die Restlaufzeit beträgt am 31.12.2021 noch 9 Jahre und 9 Monate; bei Anwendung der dem o. g. BMF-Schreiben als Anlage 2 beigefügten Tabelle (Vereinfachungsregelung) ergibt sich folgende Lösung:

Vervielfältiger	10 Jahre	0,585
Vervielfältiger	9 Jahre	0,618
Differenz		0,033
davon $\frac{9}{12}$		0,024
interpolierter Vervielfältiger:		
9 Jahre + $\frac{9}{12}$	0,618 – 0,024	0,594
Bewertung:		
200.000,00 € x 0,594 =		**118.800,00 €**

zu 2.

Metzger kann keine Einheitsbilanz erstellen, weil die Wertansätze der Verbindlichkeit in der Handels- und Steuerbilanz nicht identisch sind.

Das steuerliche Abzinsungsgebot bewirkt, dass ein einheitlicher Wertansatz insoweit nicht möglich ist.

110   Bilanzierung der Verbindlichkeiten/Sonderposten mit Rücklageanteil

zu 3.

Um aus der Handelsbilanz den steuerlichen Gewinn zu ermitteln, ist eine Überleitungs-
rechnung nach § 60 Abs. 2 EStDV vorzunehmen.
D.h., der handelsrechtliche Erfolg ist um den Zinsertrag aus der Abzinsung in Höhe von
81.200 € (200.000 € - 118.800 €) zu erhöhen.

zu 4.

steuerlicher Wertansatz zum 31.12.2022:

Vervielfältiger	9 Jahre	0,618
Vervielfältiger	8 Jahre	0,652
Differenz		0,034
davon ⁹⁄₁₂		0,025

interpolierter Vervielfältiger:

9 Jahre + ⁹⁄₁₂	0,652 - 0,024	0,627

Bewertung:

200.000,00 € x 0,627 =	**124.400,00 €**

Der steuerliche Gewinn des Jahres 2022 ist nun, weil sich die Verbindlichkeit erhöht hat,
um **6.600 €** (125.400 € - 118.800 €) zu **kürzen**.
Auf das handelsrechtliche Ergebnis hat die steuerliche Bewertung keinen Einfluss.

steuerlicher Wertansatz zum 31.12.2030:
In der Bilanz ist keine Abzinsung mehr vorzunehmen, weil die Restlaufzeit der Verbind-
lichkeit < 1 Jahr ist.

Anmerkung:
Bei Verbindlichkeiten mit einer unbestimmten Restlaufzeit (Fälligkeit nicht festgelegt) ist
die Restlaufzeit zu schätzen (Tz. 6 und 7 des BMF-Schreibens vom 26.05.2005).

AUFGABE

Dem bilanzierenden Gewerbetreibenden Gerhard Mayer, Frachtführer, wurde im Oktober
2021 ein Lkw gestohlen (Buchwert zum Zeitpunkt des Diebstahls 60.000 €). Der Lkw
war versichert und die Versicherungsgesellschaft erstattete ihm noch im Dezember 2021
Versicherungsleistungen in Höhe von 100.000 € für den Sachschaden und 10.000 € für den
erfolgten Verdienstausfall.
Im März 2022 erwirbt Mayer einen neuen Lkw mit Anschaffungskosten in Höhe von
80.000 €. Die betriebsgewöhnliche Nutzungsdauer des Lkws beträgt 5 Jahre.
Mayer möchte für 2021 einen möglichst geringen steuerlichen Gewinn ausweisen und
daher in der Bilanz eine Rücklage für Ersatzbeschaffung bilden.

1.   Prüfen Sie, ob eine entsprechende Rücklage handelsrechtlich gebildet werden kann.

2.   Stellen Sie den Sachverhalt aus handelsrechtlicher und steuerlicher Sicht dar.

3.   Vergleichen Sie das handelsrechtliche und das steuerliche Ergebnis für die Jahre 2021
     und 2022.

Sonderposten mit Rücklageanteil

Lösung:

zu 1.

> Die Neubildung eines Sonderpostens mit Rücklageanteil in der Handelsbilanz ist seit dem Geschäftsjahr 2010 nicht mehr möglich.
> Die Versicherungsleistung „Verdienstausfall" muss sofort als Ertrag ausgewiesen werden.

zu 2.

> Nach dem **HGB** müssen die Versicherungsleistungen im Jahr 2021 erfolgswirksam erfasst werden. Die Anschaffungskosten des Lkws (neu) betragen 80.000 € und werden planmäßig abgeschrieben.
> **Steuerlich** kann im Jahre 2021 eine gewinnmindernde Rücklage in Höhe von 40.000 € (aufgedeckte stille Reserve: 100.000 € – 60.000 €) gebildet werden.
> Im Jahre 2021 muss die Rücklage auf das Ersatzwirtschaftsgut übertragen werden. Da aber nicht die ganze Versicherungsleistung für die Ersatzbeschaffung verwendet wurde, kann sie nur teilweise (40.000 € x 80.000 € : 100.000 € = 32.000 €) übertragen werden. Der Restbetrag ist als Ertrag auszuweisen.

zu 3.

	HGB	EStG
2021:		
Anlageabgang Lkw (alt)	– 60.000	– 60.000
Vers. Verdienstausfall	+ 10.000	+ 10.000
Vers. Sachschaden	+ 100.000	+ 100.000
RfE		– 40.000
2022:		
Zugang Lkw (neu): AK 80.000 : 5 x $^{10}/_{12}$	– 13.333	
Zugang Lkw (neu): $\qquad$ AK $\qquad$ 80.000 $\quad$ – RfE $\qquad$ – 32.000 $\qquad\qquad\qquad$ 48.000 $\qquad$: 5 x $^{10}/_{12}$		– 8.000
Auflösung RfE		+ 8.000

112 Rücklagen

AUFGABE

Die Gewerbetreibende Susanne Askani ermittelt den Gewinn aus Gewerbebetrieb zulässigerweise nach § 4 Abs. 3 EStG (Überschuss der Betriebseinnahmen über die Betriebsausgaben). Am 31.08.2021 wird der Kleinlieferwagen des Betriebs gestohlen; der Buchwert des Lieferwagens beträgt zu diesem Zeitpunkt 5.000 €. Die Versicherung erstattet ihr im September 2021 einen Betrag von 8.000 € und am 05.10.2021 erwirbt sie ein gebrauchtes Ersatzfahrzeug (betriebsgewöhnliche Nutzungsdauer 3 Jahre) mit Anschaffungskosten in Höhe von 9.000 €.

Stellen Sie fest, wie Frau Askani diesen Vorgang bei der Gewinnermittlung berücksichtigen muss, wenn sie für 2021

1. einen möglichst hohen steuerlichen Gewinn ausweisen will oder
2. einen möglichst geringen steuerlichen Gewinn ausweisen will
   (Hinweis: R 6.6 Abs. 5 EStR 2012).

Lösung:

zu 1.

	€
Der Buchwert des alten Lieferwagens ist eine Betriebsausgabe	− 5.000,00
Die Versicherungsleistung ist eine Betriebseinnahme	+ 8.000,00
Die Abschreibung des neuen Fahrzeugs ist eine Betriebsausgabe (9.000 € x 25 % = 2.250 € x ³⁄₁₂)	− 562,50
Gewinnauswirkung 2021	**+ 2.437,50**

Zur Erzielung eines möglichst hohen steuerlichen Gewinns werden die stillen Reserven vollständig aufgedeckt und das neue Fahrzeug degressiv abgeschrieben. Durch die geringe Restnutzungsdauer von drei Jahren liegt der lineare AfA-Satz (33 ⅓ %) über dem degressiven AfA-Satz (25 %).

zu 2.

	€
Der Buchwert des alten Lieferwagens ist eine Betriebsausgabe	− 5.000,00
Die Versicherungsleistung ist eine Betriebseinnahme, davon ist die aufgedeckte stille Reserve (3.000 €) abzusetzen	+ 5.000,00
Die Abschreibung des neuen Fahrzeugs ist eine Betriebsausgabe, die aufgedeckte stille Reserve muss davon abgesetzt werden (9.000 € − 3.000 € = 6.000 € : 3 = 2.000 € x ³⁄₁₂)	− 500,00
Gewinnauswirkung 2021	**+ 500,00**

Zur Erzielung eines möglichst geringen steuerlichen Gewinns werden die stillen Reserven nicht aufgedeckt und das neue Fahrzeug linear abgeschrieben.

Rücklagen 113

AUFGABE

Der bilanzierende Gewerbetreibende Paul Froh, Jena, erstellt am 15.03.2022 für seine Maschinenfabrik den Jahresabschluss zum 31.12.2021. Dabei ist noch folgendes Problem zu lösen:

Im Jahre 2019 hat Froh ein bebautes Grundstück verkauft und in der Steuerbilanz zum 31.12.2019 zulässigerweise eine Rücklage nach § 6b EStG in Höhe von 600.000 € gebildet. Die Rücklage setzt sich wie folgt zusammen:

Stille Reserve aus dem Verkauf des

Grund und Bodens	250.000 €,
Gebäudes	350.000 €.

Im Jahre 2021 hat Froh wieder ein geeignetes bebautes Grundstück in der Lutherstadt Wittenberg gekauft. Die Anschaffungskosten (Übergang von Nutzen und Lasten: 02.08.2021) betrugen:

Grund und Boden	300.000 €,
Gebäude	300.000 €.

Froh möchte die Rücklage gemäß § 6b EStG soweit wie möglich auflösen; es soll jedoch keine Gewinnrealisierung im Wirtschaftsjahr 2021 erzielt werden.

Mit welchen Werten müssen der Grund und Boden, das Gebäude und der Sonderposten in dem steuerlichen Anlageverzeichnis zum 31.12.2021 ausgewiesen werden?

Lösung:

Grund und Boden

	Zugang	300.000,00 €
-	Auflösung Rücklage	- 250.000,00 €
=	Buchwert 31.12.2021	50.000,00 €

Gebäude

	Zugang	300.000,00 €
-	Auflösung Rücklage	- 300.000,00 €
=	Buchwert 31.12.2021	0,00 €

Rücklage

	Bestand 31.12.2020	600.000,00 €
-	Übertrag auf Grund und Boden	- 250.000,00 €
-	Übertrag auf Gebäude	- 300.000,00 €
=	Buchwert 31.12.2021	50.000,00 €

Anmerkung: Die stille Reserve, die durch den Verkauf des Gebäudes realisiert wurde, kann nicht auf den Grund und Boden übertragen werden (§ 6b Abs. 1 Satz 2 EStG). Wenn keine weiteren Übertragungen mehr möglich sind, ist die Rücklage grundsätzlich zum 31.12.2023 gewinnerhöhend aufzulösen.

114 Gesellschaftsabschlüsse

AUFGABE

Die Baulig OHG ermittelt ihren Gewinn jeweils vom 01.04. bis zum 31.03. Folgende handelsrechtliche Ergebnisse wurden erzielt:

Wirtschaftsjahr 2019/2020   60.000 €,
Wirtschaftsjahr 2020/2021   48.000 €,
Wirtschaftsjahr 2021/2022   90.000 €.

Die Gesellschafterinnen Johanna Baulig und Sigrun Baulig sind jeweils mit einer Einlage von 300.000 € an der OHG beteiligt.

Die Gesellschafterinnen erhalten schon seit Jahren jeweils eine Geschäftsführervergütung in Höhe von monatlich 4.000 €. Sigrun Baulig hat der OHG seit dem 01.01.2021 ein unbebautes Grundstück, das sich in ihrem alleinigen Eigentum befindet, umsatzsteuerfrei für 2.000 €/Monat verpachtet. Die Pachtzahlungen durch die OHG erfolgen monatlich. Vergütungen und Pacht haben die oben angegebenen Gewinne der OHG gemindert. Besondere Vereinbarungen über die Gewinnverteilung wurden nicht getroffen. Die Gewerbesteuerrückstellung wurde korrekt ermittelt.

Ermitteln Sie mithilfe einer Gewinnverteilungstabelle die steuerlichen Einkünfte aus Gewerbebetrieb der Gesellschafterinnen für den VZ 2021.

Lösung:

Ermittlung des steuerlichen Gewinns:

	Gewinn 2020/2021 (§ 4a Abs. 2 Nr. 2 EStG)	48.000 €
+	Vergütung Johanna (§ 15 Abs. 1 Nr. 2 EStG)	48.000 €
+	Vergütung Sigrun	48.000 €
+	Pacht Sigrun (01.01. bis 31.03.2021) (3 x 2.000 €)	6.000 €
=	**steuerlicher Gewinn**	**150.000 €**

Gewinnverteilungstabelle:

Gesell-schafter	Kapitalanteil	Verzinsung 4 %	Vorweg-gewinn	Restgewinn 1 : 1	Gesamt-gewinn
J. B.	300.000 €	12.000 €	48.000 €	12.000 €	**72.000 €**
S. B.	300.000 €	12.000 €	54.000 €	12.000 €	**78.000 €**
		24.000 €	102.000 €	24.000 €	150.000 €

Prüfungsfälle **115**

AUFGABE

I. Aufgabe

Der selbständige Kfz-Meister Dirk Löhr, der seinen Gewinn nach § 5 EStG ermittelt, betreibt in Mainz als Einzelunternehmer eine Kfz-Werkstatt mit Kraftfahrzeughandel. Seine Umsätze unterliegen dem allgemeinen Steuersatz. Das Wirtschaftsjahr entspricht dem Kalenderjahr.

Sie haben die Aufgabe, bei der Erstellung der Bilanz und der Gewinn- und Verlustrechnung des Dirk Löhr zum 31.12.2021 mitzuwirken und

1. das folgende Anlagenverzeichnis (Seite 119) zu ergänzen und ordnungsgemäß abzuschließen,

2. die sich aus dem Anlagenverzeichnis und dem unten beschriebenen Sachverhalt ergebenden bzw. von Ihnen für erforderlich gehaltenen Buchungssätze in einer Buchungsliste festzuhalten,

3. die Absetzungen für Abnutzung so hoch wie möglich vorzunehmen und

4. soweit Sie Buchungssätze nicht für erforderlich halten, dies kurz auf der Buchungsliste zu begründen.

Bei Abweichungen zwischen handelsrechtlicher und steuerrechtlicher Kontierung ist die steuerrechtliche Kontierung vorzunehmen. Insbesondere wird für steuerrechtliche Zwecke eine getrennte Anlagenbuchhaltung geführt. Es soll der niedrigstmögliche steuerliche Gewinn ausgewiesen werden mit Ausnahme der Wirtschaftsgüter bis 1.000 Euro i.S.d. § 6 Abs. 2a EStG. Die Sonderabschreibung nach § 7g EStG kann nicht in Anspruch genommen werden. Die in den Überschriften des Sachverhalts (1. bis 19.) angegebenen Beträge entsprechen den Salden der Saldenbilanz I.

II. Sachverhalt

1. **0215** (0065) Unbebaute Grundstücke   30.000,00 €

Das unbebaute Grundstück wurde bisher als betrieblicher Abstellplatz genutzt. Bei einer amtlichen Schätzung wurde der Wert des Abstellplatzes zum Bilanzstichtag mit 20.000 € festgestellt. Mit einer Erhöhung dieses Wertes ist in absehbarer Zeit nicht zu rechnen.

2. **0235** (0085) Bebaute Grundstücke   60.000,00 €

Bei dem bebauten Grundstück sind Wertänderungen bis zum Bilanzstichtag nicht eingetreten.

3. **0240** (0090) Geschäftsbauten   141.000,00 €

Das Gebäude wurde am 10.01.2019 fertiggestellt.

4. **0540** (0350) Lkw   15.167,00 €

Siehe Anlagenverzeichnis.

5. **0690** (0400) Betriebsausstattung   11.797,00 €

Die am 07.06.2018 angeschaffte Hebebühne wurde am 20.08.2021 durch eine moderne Hebebühne, deren Nutzungsdauer 15 Jahre beträgt, ersetzt. Die alte Hebebühne, die im Betrieb verbleibt, hat noch einen Schrottwert von 500 €. Zusätzlich wurden ein Abschmiergerät mit einer Nutzungsdauer von 5 Jahren und ein Montagewagen mit einer Nutzungsdauer von ebenfalls 5 Jahren angeschafft.

Folgende Rechnung liegt Löhr vor (Auszug):

Hebebühne	7.500,00 €
+ Montagkosten	1.800,00 €
+ Fracht	300,00 €
	9.600,00 €
Abschmiergerät	415,00 €
Montagewagen	2.000,00 €
	12.015,00 €
+ 19 % USt	2.282,85 €
	14.297,85 €

Nach Abzug von 3 % Skonto überwies Löhr 13.868,91 €. Es wurde gebucht:

0690 (0400) Betriebsausstattung   an   **1800** (1200) Bank   13.868,91 €

6. **0650** (0420) Büroeinrichtung	2.486,00 €

Der am 01.01.2021 vorhandene Computer wurde am 08.04.2021 durch den Kauf eines neuen Computers ersetzt. Der Kaufpreis des neuen Computers, dessen Nutzungsdauer 1 Jahr beträgt, betrug 2.500 € + 475 € USt = 2.975 €. Der Kauf wurde ordnungsgemäß gebucht.

Den alten Computer hat Löhr am 15.04.2021 seiner Tochter geschenkt. Der Teilwert des alten Computers hat im Zeitpunkt der Schenkung 150 € betragen.

Die übrigen Vermögensgegenstände der Büroeinrichtung waren am Bilanzstichtag noch alle vorhanden.

7. **0675** (0485) Wirtschaftsgüter (Sammelposten)	410,00 €

Auf diesem Konto ist eine am 14.12.2021 angeschaffte Rechenmaschine für netto 410 € gebucht.

8. **1345** (1537) Forderungen gegen Personal	5.000,00 €

Ein Arbeitnehmer des Dirk Löhr, Herr Schmidt, hat zum 01.10.2021 ein Darlehen in Höhe von 5.000 € erhalten. Das Darlehen ist ordnungsgemäß gebucht. Noch nicht berücksichtigt sind folgende Punkte:

a) Zur Tilgung des Darlehens wurde eine monatliche Tilgung von 150 € vereinbart, die mit dem Lohn des Arbeitnehmers verrechnet wird. Schmidt tilgt ab Oktober 2021 das Darlehen mit monatlich 150 €. Als Aufwand wurde nur der tatsächlich ausgezahlte Lohn gebucht.

b) Weiterhin wurde ein Zinssatz von 6 % vereinbart. Die Zinsen sollen jeweils mit dem Dezemberlohn verrechnet werden. Die Zinsen für 2021 sind mit dem Dezemberlohn verrechnet worden. Eine Buchung der Zinsen wurde noch nicht vorgenommen.

9. **1600** (1000) Kasse	850,00 €

Der Kassenbestand betrug am Bilanzstichtag bei Überprüfung der Kasse 880 €. Ein Barverkauf eines Kfz-Ersatzteils im Dezember 2021 wurde nicht gebucht.

Prüfungsfälle **117**

10. **1200** (1400) Forderungen aLuL einschl. 19 % USt   80.920,00 €

a) Die Forderung an Helga Münch aus 2021 in Höhe von 9.520 € ist zu 100 % uneinbringlich geworden.

b) Die Forderung an Günter Wolf aus 2021 in Höhe von 11.900 € ist voraussichtlich zu 50 % uneinbringlich.

c) Für den Rest der Forderungen bildet Löhr eine Pauschalwertberichtigung von 1 %.

Anmerkung: Tz. 14 ist zu beachten.

11. **1240** (1460) Zweifelhafte Forderungen   14.280,00 €

a) Auf die Forderung an Herrn Peter aus 2020 in Höhe von 11.900 € gingen in 2021 5.897,34 € ein. Der Rest ist endgültig verloren.

b) Auf die Forderung an Frau Hofmann aus 2020 in Höhe von 2.380 € gingen im November 2021 2.142 € per Scheck ein. Löhr übergab diesen Scheck seiner Tochter als Geschenk. Der Rest der Forderung ist uneinbringlich.

Anmerkung: Tz. 14 ist zu beachten.

12. **1140** (3980) Bestand Waren (AB)   76.850,00 €

Am Bilanzstichtag waren vorhanden:

a) Neufahrzeuge   50.850,00 €

b) Gebrauchtwagen   20.000,00 €
Hierin sind für 8.500 € Kraftfahrzeuge enthalten, die Löhr nicht gehören. Es handelt sich hierbei um Agenturwaren.

c) Ersatzteile   1.200,00 €

d) Reifen   4.800,00 €
Darin sind für 1.300 € Reifen enthalten, bei denen 2021 eine dauernde Wertminderung eingetreten ist. Der Hersteller nahm diese Reifen im Januar 2022 für 800 € zurück.

Mit welchem Wert sind die Bestände zu bilanzieren?
Bilden Sie den Buchungssatz.

13. **3150** (0630) Verbindlichkeiten gegenüber Kreditinstituten   130.000,00 €

Das hier passivierte Bankdarlehen wurde Herrn Löhr 2016 zur Finanzierung seines Werkstattgebäudes zur Verfügung gestellt. Die Zinsen für das II. Halbjahr 2021 in Höhe von 4.000 € wurden am 04.01.2022 dem Bankkonto belastet.

14. **1246** (0998) Einzelwertberichtigungen   4.600,00 €

Passiviert sind für

Forderung an Peter	4.000,00 €
Forderung an Hofmann	600,00 €
1248 (0996) Pauschalwertberichtigung	200,00 €

Prüfungsfälle

15. **3030** (0957) Gewerbesteuerrückstellung 4.400,00 €

a) Passiviert ist die voraussichtliche Gewerbesteuer-Restschuld 2020 in Höhe von 4.400 €.
Die tatsächliche Gewerbesteuer-Restschuld 2020 in Höhe von 4.885 € wurde in 2021 beglichen und auf das Konto 7610 (4320) Gewerbesteuer gebucht.

b) Für 2021 ist mit einer Überzahlung der Gewerbesteuer in Höhe von 600 € zu rechnen. Die Vorauszahlungen für 2021 wurden auf das Konto 7610 (4320) Gewerbesteuer gebucht.

16. **1900** (0980) Aktive Rechnungsabgrenzung 2.200,00 €

Aktiviert sind die im Dezember 2020 gezahlten Kfz-Versicherungsbeiträge für 2021.

17. Die Dezemberlöhne 2021 in Höhe von netto 3.900 € wurden dem Bankkonto am 04.01.2022 belastet.

Die LSt, KiSt und der SolZ in Höhe von 900 € und die Sozialversicherungsbeiträge in Höhe von 1.200 € wurden einbehalten. Eine Buchung erfolgte noch nicht. Der Arbeitgeberanteil zur gesetzlichen Sozialversicherung betrug 1.100 €.

18. Der Beitrag für die Berufsgenossenschaft 2021 wird ca. 500 € betragen. Ein endgültiger Bescheid liegt noch nicht vor. Der Vorgang ist buchmäßig noch nicht erfasst.

19. Für die private Nutzung des betrieblichen Telefons hat das Finanzamt bei der letzten Außenprüfung 50 € monatlich angesetzt. Für 2021 ist von dem gleichen Betrag auszugehen. Der Vorgang ist buchmäßig noch nicht berücksichtigt.
Die Vorsteuer wurde beim Eingang der Telefonrechnungen in 2021 ordnungsgemäß gekürzt (Abschn. 3.4 Abs. 4 Satz 5 UStAE).

Anlagenverzeichnis für die Zeit vom 01.01. bis 31.12.2021

Konto-Nr.	Bezeichnung des Gegenstandes	Ansch.- bzw. H.-tag	AK bzw. HK	ND Jahre	AfA-Art	AfA-%	jährliche AfA	Abgangs-tag	Bilanzwert am 01.01.2021	Zugänge 2021	AfA 2021	Abgänge 2021	Bilanzwert am 31.12.2021
0215 0065	Unbebaute Grundstücke	10.07.11	30.000						30.000				
0235 0855	Bebaute Grundstücke	15.03.17	60.000						60.000				
0240 0090	Geschäftsbauten	10.01.19	150.000	33 1/3	lin.				141.000				
0540 0350	Lkw												
	Abschleppwagen	07.08.18	32.000	4	lin.				12.667				
	VW Transporter	16.04.20	4.000	2	lin.				2.500				
									15.167				
0690 0400	Betriebsausst.												
	Hebebühne	07.06.18	5.000	5	lin.				2.417				
	Werkbank	15.02.18	3.600	10	lin.				2.550				
	Prüfstand	06.05.16	8.400	8	lin.				3.500				
	Auswuchtmasch.	15.06.20	3.500	12	degr.				2.990				
	....												
									11.457				
0650 0420	Büroeinrichtung												
	Verkaufsraum	06.04.18	2.500	10	lin.				1.812				
	Büro	15.03.16	1.700	8	lin.				673				
	Computer	16.08.16	1.300	4	lin.				1				
	....												
0675 0485	Wirtschaftsgüter (Sammelposten)								2.486				
	....												

Tz.	Sollkonto	Betrag (€)	Habenkonto
1.	**6230** (4840) Außerplan. Abschr.	10.000,00	**0215** (0065) Unbeb. Grundstücke
3.	**6221** (4831) Abschreibungen	4.500,00	**0240** (0090) Geschäftsbauten
4.	**6222** (4832) Abschreibungen	10.000,00	**0540** (0350) Lkw
5.	**0675** (0485) WG (Sammelp.)	402,55	**0690** (0400) Betriebsausstattung
	1406 (1576) Vorsteuer 19 %	2.214,36	**0690** (0400) Betriebsausstattung
	6220 (4830) Abschreibungen	3.882,00	**0690** (0400) Betriebsausstattung
	6230 (4840) Außerplan. Abschr.	917,00	**0690** (0400) Betriebsausstattung
6.	**2100** (1800) Privatentnahmen	150,00	**4620** (8910) Entnahme d.d.U.
	2100 (1800) Privatentnahmen	28,50	**3806** (1776) USt 19 %
	4855 (2315) Anlagenabgänge	1,00	**0650** (0420) Büroeinrichtung
	6220 (4830) Abschreibungen	2.962,00	**0650** (0420) Büroeinrichtung
7.	**6262** (4860) Abschr. Sammelp.	163,00	**0675** (0485) WG (Sammelp.)
8.	**6010** (4110) Löhne	450,00	**1345** (1537) Ford. g. Personal
	6010 (4110) Löhne	72,75	**7100** (2650) Zinserträge
9.	**1600** (1000) Kasse	25,21	**4200** (8200) Erlöse
	1600 (1000) Kasse	4,79	**3806** (1776) USt 19 %
10a)	**6930** (2400) Forderungsverluste	8.000,00	**1200** (1400) Forderungen aLuL
	3806 (1776) USt 19 %	1.520,00	**1200** (1400) Forderungen aLuL
10b)	**1240** (1460) Zweifelhafte Ford.	11.900,00	**1200** (1400) Forderungen aLuL
	6910 (4886) Abschr. auf UV	5.000,00	**1246** (0998) Einzelwertber.
10c)	**6920** (2450) Einstellung PWB	300,00	**1248** (0996) Pauschalwertber.
11a)	**3845** (1791) USt frühere Jahre	958,41	**1240** (1460) Zweifelhafte Ford.
	1246 (0998) Einzelwertber.	4.000,00	**1240** (1460) Zweifelhafte Ford.
	6930 (2400) Forderungsverl.	1.044,25	**1240** (1460) Zweifelhafte Ford.
11b)	**3845** (1791) USt frühere Jahre	38,00	**1240** (1460) Zweifelhafte Ford.
	1246 (0998) Einzelwertber.	600,00	**1240** (1460) Zweifelhafte Ford.
	1240 (1460) Zweifelhafte Ford.	400,00	**4925** (2732) Erträge aus a.a.F.
	2100 (1800) Privatentnahmen	2.142,00	**1240** (1460) Zweifelhafte Ford.
12.	**5200** (3200) Wareneingang	9.000,00	**1140** (3980) Bestand Waren
13.	**7320** (2120) Zinsaufwendungen	4.000,00	**3500** (1700) Sonst. Verbindl.
15a)	**3030** (0957) GewSt-Rückst.	4.400,00	**7610** (4320) Gewerbesteuer
	7640 (2280) Steuernachz. Vorj.	485,00	**7610** (4320) Gewerbesteuer
15b)	**1300** (1500) Sonst. Verm.	600,00	**7610** (4320) Gewerbesteuer
16.	**6520** (4520) Kfz-Versich.	2.200,00	**1900** (0980) Aktive RA
17.	**6010** (4110) Löhne	3.900,00	**3720** (1740) Verb. aus Lohn
	6010 (4110) Löhne	900,00	**3730** (1741) Verb. LSt/KiSt
	6010 (4110) Löhne	1.200,00	**3740** (1742) Verb. i.R.d.s.S.
	6110 (4130) Ges. soz. Aufw.	1.100,00	**3740** (1742) Verb. i.R.d.s.S.
18.	**6120** (4138) Beiträge Berufsg.	500,00	**3070** (0970) Sonst. Rückst.
19.	**2100** (1800) Privatentnahmen	600,00	**6805** (4920) Telefon

zu Tz. 1.

Es liegt eine **voraussichtlich dauernder Wertminderung** vor. Entsprechend **muss** in der Handels- und **kann** in der Steuerbilanz der **niedrigere Teilwert** bzw. der **beizulegende Wert** angesetzt werden (§ 253 Abs. 3 Satz 5 HGB i. V. m. § 5 Abs. 1 Satz 1 EStG). Der niedrigere Wert des Grundstücks, das mit 30.000 € bilanziert ist, beträgt 20.000 €. Folglich ist – um das niedrigstmögliche steuerliche Ergebnis zu erreichen - eine **außerplanmäßige Abschreibung** (Teilwertabschreibung) in Höhe von **10.000 €** vorzunehmen.

zu Tz. 3.

Die Geschäftsbauten sollen lt. Anlageverzeichnis **linear** abgeschrieben werden. Die lineare Abschreibung beträgt im Jahre 2021 **4.500 €** (3 % von 150.000 €).

zu Tz. 5.

Die Anschaffungskosten der **Hebebühne** betragen:

	Kaufpreis netto	9.600,00 €
–	3 % Skonto	– 288,00 €
=	AK	**9.312,00 €**

Die Abschreibung erfolgt **degressiv**, um einen möglichst **niedrigen** steuerlichen Gewinn zu erzielen.

Die Anschaffungskosten des **Abschmiergeräts** betragen:

	Kaufpreis netto	415,00 €
–	3 % Skonto	– 12,45 €
=	AK	**402,55 €**

Es handelt sich um ein **GWG** (Sammelposten) i. S. d. § 6 Abs. 2a EStG (siehe Aufgabenstellung, Seiten 115/116).

Die Anschaffungskosten des **Montagewagens** betragen:

	Kaufpreis netto	2.000,00 €
–	3 % Skonto	– 60,00 €
=	AK	**1.940,00 €**

Der Montagewagen wird **degressiv** abgeschrieben, um einen möglichst **niedrigen** steuerlichen Gewinn zu erzielen.

Die **Vorsteuer** beträgt 19 % von 11.654,55 € (9.312 € + 402,55 € + 1.940 €)
= **2.214,36 €**.

Prüfungsfälle

zu Tz. 8.

a) Die **Tilgung** in 2021 beträgt insgesamt **450 €** (150 € x 3).

b) Die **Zinsen** werden wie folgt berechnet:

Forderung	fällig am	Tage	Zinszahl
5.000 €	01.10.2021	30	1.500
- 150 €			
4.850 €	01.11.2021	30	1.455
- 150 €			
4.700 €	01.12.2021	30	1.410
- 150 €			
4.550 €	31.12.2021		
			4.365 : 60 (Zinsteiler) = **72,75 €**

zu Tz. 9.

Barverkauf Kfz-Ersatzteil (brutto)	30,00 €	
Kfz-Ersatzteil (netto) (30 € : 1,19)	**25,21 €**	
+ 19 % Umsatzsteuer (19 % von 25,21 €)	**4,79 €**	30,00 €

zu Tz. 10.

Gesamtbestand der Forderungen lt. Saldenbilanz I		80.920 €
- Tz. 10a) uneinbringliche Forderung Münch	-	9.520 €
- Tz. 10b) zweifelhafte Forderung Wolf	-	11.900 €
pauschal wertzuberichtigende Forderungen		59.500 €
- Umsatzsteuer	-	9.500 €
= Bemessungsgrundlage der Pauschalwertberichtigung		50.000 €
Pauschalwertberichtigung am 31.12.2021 (1 % von 50.000 €)		500 €
- Tz. 14 Pauschalwertberichtigung am 31.12.2020	-	200 €
= **Zuführung** zur Pauschalwertberichtigung		**300 €**

zu Tz. 11.

a)

Forderung an Herrn Peter aus 2020 (19 %)		11.900,00 €
- Zahlung in 2021	-	5.897,34 €
= tatsächlicher Forderungsausfall (brutto)		6.002,66 €
- zu berichtigende USt (6.002,66 € : 1,19 x 19 %)	-	**958,41 €**
= tatsächlicher Forderungsverlust		5.044,25 €
- Tz. 14 Einzelwertberichtigung Peter	-	4.000,00 €
= Forderungsverlust ist größer als Einzelwertberichtigung um		**1.044,25 €**

b)

Forderung an Frau Hofmann aus 2020 (19 %)		2.380,00 €
− Zahlung in 2021	−	2.142,00 €
= tatsächlicher Forderungsausfall (brutto)		238,00 €
− zu berichtigende USt (238 € : 1,19 x 19 %)	−	**38,00 €**
= tatsächlicher Forderungsverlust		200,00 €
− Tz. 14 Einzelwertberichtigung Hofmann	−	600,00 €
= Forderungsverlust ist kleiner als Einzelwertberichtigung um		**400,00 €**

zu Tz. 12.

Bestand Waren (AB)				76.850 €
a) Neufahrzeuge (Schlussbestand)			50.850 €	
b) Gebrauchtwagen (Schlussbestand)	20.000 €			
(Agenturwaren)	− 8.500 €		11.500 €	
c) Ersatzteile (Schlussbestand)			1.200 €	
d) Reifen	4.800 €			
(wertaufhellende Tatsache)	− 500 €		4.300 €	− 67.850 €
Bestandsminderung				**9.000 €**

Anlagenverzeichnis für die Zeit vom 01.01. bis 31.12.2021

Konto-Nr.	Bezeichnung des Gegenstandes	Ansch.- bzw. H.-tag	AK bzw. HK	ND Jahre	AfA-Art	AfA-%	jährliche AfA	Abgangs-tag	Bilanzwert am 01.01.2021	Zugänge 2021	AfA 2021	Abgänge 2021	Bilanzwert am 31.12.2021
0215 0065	Unbebaute Grundstücke	10.07.11	30.000,00						30.000		10.000	(TWA)	20.000,00
0235 0855	Bebaute Grundstücke	15.03.17	60.000,00						60.000				60.000,00
0240 0090	Geschäftsbauten	10.01.19	150.000,00	33 1/3	lin.	3	4.500		141.000		4.500		136.500,00
0540 0350	Lkw												
	Abschleppwagen	07.08.18	32.000,00	4	lin.	25	8.000		12.667		8.000		4.667,00
	VW Transporter	16.04.20	4.000,00	2	lin.	50	2.000		2.500		2.000		500,00
									15.167		10.000		5.167,00
0690 0400	Betriebsausst.												
	Hebebühne	07.06.18	5.000,00	5	lin.	20	1.000		2.417		1.917		500,00
	Werkbank	15.02.18	3.600,00	10	lin.	10	360		2.550		360		2.190,00
	Prüfstand	06.05.16	8.400,00	8	lin.	12,5	1.050		3.500		1.050		2.450,00
	Auswuchtmasch.	15.06.20	3.500,00	12	degr.	20,8	variabel		2.990		623		2.367,00
	Hebebühne (neu)	20.08.21	9.312,00	15	degr.	16,67	variabel			9.312,00	647		8.665,00
	Montagewagen	18.08.21	1.940,00	5	degr.	25	variabel			1.940,00	202		1.738,00
									11.457	11.252,00	4.799		17.910,00
0650 0420	Büroeinrichtung												
	Verkaufsraum	06.04.18	2.500,00	10	lin.	10	250		1.812		250		1.562,00
	Büro	15.03.16	1.700,00	8	lin.	12,5	213		673		213		460,00
	Computer	16.08.16	1.300,00	4	lin.	25	325	15.04.21	1			1	0,00
	Computer	06.04.21	2.500,00	1	lin.	100	2.499			2.500,00	2.499		1,00
									2.486	2.500,00	2.962	1	2.023,00
0675 0485	Wirtschaftsgüter (Sammelposten)												
	Abschmiergerät	18.08.21	402,55		lin.	20	81			402,55	81		321,55
	Rechenmaschine	14.12.21	410,00		lin.	20	82			410,00	82		328,00

Prüfungsfälle   125

AUFGABE

I. Aufgabe

Frank Specht betreibt in München unter der im Handelsregister eingetragenen Firma „Getränke Specht" als Einzelunternehmer einen Getränkegroßhandel. Seine Umsätze unterliegen dem allgemeinen Steuersatz. Das Wirtschaftsjahr entspricht dem Kalenderjahr.

Er übergibt Ihnen seine Buchführung sowie die dazugehörenden Unterlagen und beauftragt Sie mit der Erstellung seiner Bilanz und Gewinn- und Verlustrechnung zum 31.12.2021.

Ihre Aufgabe ist es, anhand der folgenden Sachverhalte

1. das folgende Anlagenverzeichnis (Seite 130) zu ergänzen und ordnungsgemäß abzuschließen,
2. die sich aus dem Anlagenverzeichnis und den Sachverhalten ergebenden bzw. von Ihnen für erforderlich gehaltenen Buchungssätze auf einer Buchungsliste darzustellen,
3. soweit Sie zu den einzelnen Sachverhalten eine Buchung nicht für erforderlich halten, dies kurz auf Ihrer Buchungsliste zu begründen,
4. Absetzungen für Abnutzung so hoch wie möglich vorzunehmen,
5. einen möglichst niedrigen steuerlichen Gewinn auszuweisen,
6. die Sonderabschreibung nach § 7g EStG nicht anzuwenden.

Bei Abweichungen zwischen handelsrechtlicher und steuerrechtlicher Kontierung ist die steuerrechtliche Kontierung vorzunehmen. Insbesondere wird für steuerrechtliche Zwecke eine getrennte Anlagenbuchhaltung geführt.

II. Sachverhalt

Die in den Überschriften ausgewiesenen Beträge sind der Saldenbilanz I entnommen.

1.	**0215** (0065) Unbebaute Grundstücke (A + B)	91.000,00 €

a) Von dem Grundstück „A" mussten 2021 100 qm an die Stadt Mainz wegen eines Straßenneubaus unentgeltlich abgetreten werden. Der Teilwert des Restgrundstücks „A" beträgt am 31.12.2021 63.000 €.

b) Von dem Grundstück „B" wurden am 03.12.2021 300 qm an den Nachbarn Star verkauft. Der vereinbarte Preis in Höhe von 20.000 € ging erst am 11.01.2022 auf dem Bankkonto ein.

2.	**0235** (0085) Bebaute Grundstücke	0,00 €

Das Grundstück „C" ist zusammen mit dem aufstehenden Gebäude am 25.05.2021 erworben worden (siehe Tz. 3).

3.	**0240** (0090) Geschäftsbauten	0,00 €

Am 27.05.2021 hat Specht das bis dahin gemietete Betriebsgebäude – Baujahr 1969 – mit Grund und Boden erworben. Der vereinbarte Kaufpreis, von dem 20 % auf Grund und Boden entfallen, betrug 360.000 €. Die gezahlten Notariats- und Gerichtskosten in Höhe von netto 2.400 € wurden auf das Konto 6825 (4950) und die Grunderwerbsteuer = 3,5 % auf das Konto 7650 (4340) gebucht. Die Vorsteuer wurde ordnungsgemäß erfasst.

Prüfungsfälle

4. **0520** (0320) Pkw   28.125,00 €

Der Pkw Audi A8 wurde im November 2021 auf einer Geschäftsfahrt durch einen Unfall stark beschädigt. Nach erfolgter Reparatur wurde er bei Anschaffung eines neuen Pkws in Zahlung gegeben. Für die aufgewendeten Reparaturkosten erstattete die Versicherung des Unfallverursachers am 11.01.2022 7.500 €, die bereits in 2021 verbindlich zugesagt waren. Für den Kauf bzw. Verkauf liegt folgende Abrechnung des Autohändlers vor (Auszug):

Wir lieferten Ihnen am 23.11.2021 Pkw Audi A 4		
(Listenpreis einschließlich Überführung)		51.400,00 €
+ 19 % USt		9.766,00 €
		61.166,00 €
Wir legten für Sie vor:		
66 Liter Benzin (lt. Tankzettel einschl. 19 % USt)		136,85 €
Gebühren für Anmeldung		40,00 €
		61.342,85 €
Wir schreiben Ihnen gut:		
Pkw Audi A8	12.000,00 €	
+ 19 % USt	2.280,00 €	− 14.280,00 €
		47.062,85 €
Wir verrechnen:		
Ihre Rechnung vom 09.11.2021 für gelieferte Waren	−	87,10 €
		46.975,75 €

Der Betrag von 46.975,75 € wurde wie folgt entrichtet:

Barzahlung aus privatem Sparkonto	**16.975,75 €**
Wechsel (13.12.2021 bis 11.02.2022) einschließlich Diskont	**30.460,00 €**

Außer der Rechnung für gelieferte Waren [Konto **1200** (1400)] ist noch nichts gebucht.

Sowohl der alte Audi als auch der neue Audi wurden 2021 lt. Fahrtenbuch zu 30 % für Privatfahrten genutzt. Die laufenden Kfz-Kosten für beide Fahrzeuge, bei denen der Vorsteuerabzug möglich war, betrugen **7.784 €**.

Die für den Autounfall aufgewendeten Reparaturkosten in Höhe von **7.500 €** sind in dem Betrag von **7.784 €** nicht enthalten.

An Kfz-Steuer und Kfz-Versicherungen wurden für beide Fahrzeuge **1.800 €** gebucht.

5. **0540** (0350) Lkw   39.733,00 €

Das Anlagenverzeichnis ist zu ergänzen.

6. **0650** (0420) Büroeinrichtung   12.800,00 €

Das Anlagenverzeichnis ist zu ergänzen. Dabei ist zu berücksichtigen, dass der alte Computer seit der Anschaffung des neuen Computers nicht mehr benutzt wurde. Da es nicht möglich war, das Gerät zu verkaufen, auch nicht an einen Schrotthändler, wurde es Ende Januar 2022 der Berufsbildenden Schule München kostenlos überlassen.

Prüfungsfälle **127**

7. **0820** (0510) Beteiligungen   26.200,00 €

a) Aus der Beteiligung an der P. Geier-Bau GmbH sind in 2021, wie in den Vorjahren, keine Erträge erzielt worden. Eine vorgenommene Bewertung ergab zum 31.12.2021 einen Teilwert von 18.000 €. Die Wertminderung ist von Dauer.

b) Auf die Anteile an der Bonner Volksbank sind in 2021 nach Abzug der KapESt und des SolZ 24 € Netto-Dividende ausgezahlt worden. Die Netto-Dividende wurde auf das Konto 7103 (2655) gebucht.

8. **1230** (1300) Wechsel aLuL   0,00 €

Auf den Kunden Baum wurde am 18.11.2021 ein Wechsel über 10.300 € gezogen. Die Wechselsumme setzt sich zusammen aus dem Rest der Rechnung vom 24.09.2021 10.000 € und Wechseldiskont für 90 Tage 300 €.

Der auf eigene Order lautende Wechsel konnte bei der Hausbank nicht untergebracht werden. Es wurde deshalb auch noch keine Buchung vorgenommen.

9. **1200** (1400) Forderungen aLuL einschl. 19 % USt   110.793,20 €

a) Die Forderung an die Amsel-GmbH vom 25.05.2021 über 1.190 € ist uneinbringlich. Die Schuldnerin hat Anfang 2021 die Eröffnung des Insolvenzverfahrens beantragt. Das Verfahren ist Ende 2021 mangels Masse nicht eröffnet worden.

b) Die Forderung an die Fink KG vom 26.08.2021 über 2.380 € ist voraussichtlich nur noch zu 50 % einbringlich.

a) Bei den restlichen Forderungen rechnet Specht aufgrund gemachter Erfahrungen mit einem Ausfall von 1 %.

    Anmerkung: Textziffer 15 ist zu beachten.

10. **1240** (1460) Zweifelhafte Forderungen   13.090,00 €

Für die hier aktivierten Forderungen gilt:

a) Die Forderung an Hein Sperber vom 07.12.2020 (19 % USt) über 3.570 € ist uneinbringlich.

b) Die Forderung an Sven Falke vom 04.06.2019 (19 % USt) über 1.785 € ist voraussichtlich nur noch zu 30 % einbringlich.

c) Die Forderung an Patrick Adler vom 17.05.2017 (19 % USt) über 2.975 € ist voll einbringlich. Frau Adler hat im Dezember 2021 im Lotto gewonnen und die Forderung in voller Höhe am 09.01.2022 überwiesen.

d) Die Forderung an Edgar Schwan vom 05.02.2018 (19 % USt) beträgt 4.760 €. Darauf wurden am 24.05.2021 3.570 € gezahlt. Die Restforderung ist endgültig verloren. Den erhaltenen Barscheck hat Herr Specht seiner Tochter Karin geschenkt. Eine Buchung hat er nicht vorgenommen.

    Anmerkung: Textziffer 15 ist zu beachten.

11. **1300** (1500) Sonstige Vermögensgegenstände   3.500,00 €

Bei dem aktivierten Betrag handelt es sich um die Gewerbesteuer-Überzahlung 2020 mit 3.500 €. Die tatsächliche Erstattung betrug 4.000 €.

Der Erstattungsbetrag wurde mit der am 15.02.2021 fällig gewesenen Vorauszahlung für das 1. Vierteljahr 2021 verrechnet. Eine Buchung ist noch nicht erfolgt.

Prüfungsfälle

12. **0940** (0550) Darlehen (Sonstige Ausleihungen)   7.200,00 €

Das Darlehen wurde einem Arbeitnehmer gewährt. Zur Tilgung des Darlehens wurden dem Arbeitnehmer monatlich 300 € vom Nettolohn abgezogen, auch in 2021. Der aktivierte Wert entspricht dem Darlehensstand zum 01.01.2021.
Die Zinsen sind ordnungsgemäß gebucht worden.

13. **1140** (3980) Bestand Waren (AB)   195.000,00 €

Der Warenendbestand zum 31.12.2021 ist zu Verkaufspreisen aufgenommen worden. Er beträgt 238.000 € einschl. 19 % USt. Der durchschnittliche Rohgewinnaufschlagsatz beträgt 25 %.
Wie hoch sind die Anschaffungskosten? Bilden Sie den Buchungssatz.

14. **3150** (0630) Verbindlichkeiten gegenüber Kreditinstituten   182.000,00 €

Das Bankdarlehen wurde zum 01.07.2021 zur teilweisen Finanzierung der Anschaffungskosten für das Betriebsgrundstück aufgenommen. Der passivierte Betrag ergibt sich aus:

	Darlehensauszahlung	194.000 €
	6 Monatsraten Zinsen und Tilgung	– 12.000 €
		182.000 €

Das Darlehen hat eine Laufzeit von 10 Jahren. Bei der Darlehensauszahlung wurde ein Damnum in Höhe von 3 % einbehalten. Für 2021 betrugen die Zinsen 7.500 €. Sie sind noch nicht erfolgswirksam gebucht.

15. **1246/1248** (0996/0998) Wertberichtigungen   6.302,71 €

Passiviert sind:
a) Pauschalwertberichtigung   502,71 €
b) Einzelwertberichtigungen auf zweifelhafte Forderungen:
    Sperber   1.800,00 €
    Falke   600,00 €
    Adler   1.000,00 €
    Schwan   2.400,00 €

16. **3035** (0956) Gewerbesteuerrückstellung   3.000,00 €

Zurückgestellt ist die errechnete Gewerbesteuer-Restschuld 2020. Der Gewerbesteuer-Bescheid vom 14.12.2021 weist eine Restschuld von 2.850 € aus, die im Januar 2022 beglichen wurde.

17. **3095** (0977) Rückstellungen für Abschlusskosten   0,00 €

Für die Erstellung des Jahresabschlusses 2021 wird mit einem Honorar von 5.000 € gerechnet.

Prüfungsfälle

18. **6020** (4120) Gehälter

Die Gehälter für Dezember 2021, die mit Banküberweisung gezahlt wurden, sind erst am 04.01.2022 dem Bankkonto belastet worden.

Die Gehaltsliste weist für Dezember 2021 aus:

	Bruttogehälter	18.000 €
–	LSt, KiSt, SolZ	– 2.200 €
–	Sozialversicherungsbeiträge (AN-Anteil)	– 3.050 €
–	Lohnpfändung	– 937 €
=	Netto-Auszahlung	11.813 €
	Arbeitgeberanteil zur Sozialversicherung, noch nicht abgeführt	3.000 €

Bisher wurde nichts gebucht.

19. **7610** (4320) Gewerbesteuer

Die Gewerbesteuer-Restschuld 2021 beträgt ca. 3.000 €.

20. **6400** (4360) Versicherungen

Auf dem Versicherungskonto sind u.a. Versicherungsbeiträge für die Zeit vom 01.09.2021 bis 31.08.2022 in Höhe von 2.400 € gebucht worden.

Anlagenverzeichnis für die Zeit vom 01.01. bis 31.12.2021

Konto-Nr.	Bezeichnung des Gegenstandes	Ansch.- bzw. H.-tag	AK bzw. HK	ND Jahre	AfA-Art	AfA-%	jährliche AfA	Abgangs-tag	Bilanzwert am 01.01.2021	Zugänge 2021	AfA 2021	Abgänge 2021	Bilanzwert am 31.12.2021
0215 0065	Unbebaute Grundstücke A = 1.000 qm B = 900 qm	1990 2010	40.000 60.000						40.000 51.000 91.000				
0235 0855	Bebaute Grundstücke C	2021							0				
0240 0090	Geschäftsbauten Betriebsgebäude	05/2021							0				
0520 0320	Pkw Audi A 8 Audi A 4	10/2018 11/2021	45.000	6 6	lin.				28.125 0 28.125				
0540 0350	Lkw A B	05/2018 10/2018	38.000 40.000	5 5	lin. lin.				17.733 22.000 39.733				
0650 0420	Büroeinrichtung Schreibautomat Computer alt Computer neu Schreibtisch	07/2018 06/2018 03/2021 09/2021	12.000 12.000 14.000 2.000	6 5 1 10	lin. lin.				7.000 5.800 0 0 12.800				
0820 0510	Beteiligungen Geier-Bau GmbH Geschäftsanteile	2014 2014	30.000 1.200						25.000 1.200 26.200				

Prüfungsfälle **131**

Lösung:

Tz.	Sollkonto	Betrag (€)	Habenkonto
1a)b)	**6895** (2310) Anlagenabgänge	4.000,00	**0215** (0065) Unbeb. Grundstücke
	4855 (2315) Anlagenabgänge	17.000,00	**0215** (0065) Unbeb. Grundst. A
	Der höhere Teilwert des Grundstücks darf nicht angesetzt werden.		
b)	**1300** (1500) Sonst. Verm.	20.000,00	**4900** (2720) Erträge a. d. Abgang
3.	**0240** (0090) Geschäftsbauten	2.400,00	**6825** (4950) Rechts- u. Beratungs.
	0240 (0090) Geschäftsbauten	18.000,00	**7650** (4340) Sonstige Steuern
	0235 (0085) Beb. Grundst.	75.000,00	**0240** (0090) Geschäftsbauten
	6221 (4831) Abschreibungen	4.000,00	**0240** (0090) Geschäftsbauten
4.	**1300** (1500) Sonst. Verm.	7.500,00	**4970** (2742) Versicherungserlöse
	0520 (0320) Pkw (Neu-Kfz)	51.440,00	**3300** (1600) Verbindl. aLuL
	1406 (1576) Vorsteuer 19 %	9.766,00	**3300** (1600) Verbindl. aLuL
	6530 (4530) Lfd. Kfz-Kosten	115,00	**3300** (1600) Verbindl. aLuL
	1406 (1576) Vorsteuer 19 %	21,85	**3300** (1600) Verbindl. aLuL
	0520 (0320) Pkw (Neu-Kfz)	40,00	**3300** (1600) Verbindl. aLuL
	3300 (1600) Verbindl. aLuL	12.000,00	**6889** (8800) Erlöse aus Verk.
	3300 (1600) Verbindl. aLuL	2.280,00	**3806** (1776) USt 19 %
	3300 (1600) Verbindl. aLuL	16.975,75	**2180** (1890) Privateinlagen
	3300 (1600) Verbindl. aLuL	30.000,00	**3350** (1660) Schuldwechsel
	3300 (1600) Verbindl. aLuL	87,10	**1200** (1400) Forderungen aLuL
	7340 (2130) Diskontaufw.	460,00	**3350** (1660) Schuldwechsel
	1900 (0980) Aktive RA	345,00	**7340** (2130) Diskontaufw.
	2100 (1800) Privatentnahmen	4.673,70	**4645** (8921) Verw. v. Geg.
	2100 (1800) Privatentnahmen	888,00	**3806** (1776) USt 19 %
	2100 (1800) Privatentnahmen	540,00	**4660** (8925) Unentg. Erbr. s.L.
	6222 (4832) Abschreibungen	8.395,00	**0520** (0320) Pkw
	6895 (2310) Anlagenabgänge	21.875,00	**0520** (0320) Pkw
5.	**6222** (4832) Abschreibungen	15.600,00	**0540** (0350) Lkw
6.	**6230** (4840) Außerpl. Abschr.	3.399,00	**0650** (0420) Büroeinrichtung
	6220 (4830) Abschreibungen	18.566,00	**0650** (0420) Büroeinrichtung
7.	**7200** (4870) Abschr. Finanz.	7.000,00	**0820** (0510) Beteiligungen
	2150 (1810) Privatsteuern	8,60	**7103** (2655) Dividendenerträge
8.	**1230** (1300) Wechsel aLuL	10.000,00	**1200** (1400) Forderungen aLuL
	1230 (1300) Wechsel aLuL	300,00	**7130** (2670) Diskonterträge
	7130 (2670) Diskonterträge	150,00	**3900** (0990) Passive RA
9.	**6930** (2400) Forderungsv.	1.000,00	**1200** (1400) Forderungen aLuL
	3806 (1776) USt 19 %	190,00	**1200** (1400) Forderungen aLuL
	1240 (1460) Zweifelhafte Ford.	2.380,00	**1200** (1400) Forderungen aLuL
	6910 (4886) Abschr. auf UV	1.000,00	**1246** (0998) Einzelwertber.
	6920 (2450) Einstellung PWB	397,59	**1248** (0996) Pauschalwertber.

132 Prüfungsfälle

Tz.	Sollkonto	Betrag (€)	Habenkonto
10.	**3845** (1791) USt frühere Jahre	570,00	**1240** (1460) Zweifelhafte Ford.
	1246 (0998) Einzelwertber.	1.800,00	**1240** (1460) Zweifelhafte Ford.
	6930 (2400) Forderungsverl.	1.200,00	**1240** (1460) Zweifelhafte Ford.
	6910 (4886) Abschr. auf UV	450,00	**1246** (0998) Einzelwertber.
	Keine Buchung zur Forderung Adler. Bisheriger Buchwert kann beibehalten werden.		
	2100 (1800) Privatentnahmen	3.570,00	**1240** (1460) Zweifelhafte Ford.
	3845 (1791) USt frühere Jahre	190,00	**1240** (1460) Zweifelhafte Ford.
	1246 (0998) Einzelwertber.	2.400,00	**1240** (1460) Zweifelhafte Ford.
	1240 (1460) Zweifelhafte Ford.	1.400,00	**4925** (2732) Erträge aus a.a.F.
11.	**7610** (4320) Gewerbesteuer	4.000,00	**1300** (1500) Sonstige Ford.
	1300 (1500) Sonst. Verm.	500,00	**4960** (2520) Periodenfr. Erträge
12.	**6000** (4100) Gehälter u. Löhne	3.600,00	**0940** (0550) Darlehen
13.	**5200** (3200) Wareneingang	35.000,00	**1140** (3980) Bestand Waren
14.	**1940** (0986) Damnum/Disagio	6.000,00	**3150** (0630) Verbindl. Kreditinst.
	7320 (2120) Zinsaufwend.	7.500,00	**7103** (2655) Dividendenerträge
	7324 (2124) Abschr. Disagio	300,00	**1940** (0986) Damnum/Disagio
16.	**3035** (0956) GewSt-Rückst.	2.850,00	**3500** (1700) Sonst. Verbindl.
	3035 (0956) GewSt-Rückst.	150,00	**7644** (2284) Erträge aus Aufl.
17.	**6827** (4957) Abschlusskosten	5.000,00	**3095** (0977) Rückst. Abschl.
18	**6020** (4120) Gehälter	18.000,00	**3790** (1755) Gehaltsverr.
	3790 (1755) Gehaltsverr.	2.200,00	**3730** (1741) Verb. LSt/KiSt
	3790 (1755) Gehaltsverr.	3.050,00	**3740** (1742) Verb. i.R.d.s.S.
	3790 (1755) Gehaltsverr.	937,00	**3780** (1746) Verb. Einbeh.
	3790 (1755) Gehaltsverr.	11.813,00	**3720** (1740) Verb. aus L.u.G.
	6110 (4130) Ges. soz. Aufw.	3.000,00	**3740** (1742) Verb. i.R.d.s.S.
19.	**7610** (4320) Gewerbesteuer	3.000,00	**3035** (0956) GewSt-Rückst.
20.	**1900** (0980) Aktive RA	1.600,00	**6400** (4360) Versicherungen

zu Tz. 1.

a) 1.000 qm Grundstück A = 40.000 €
   100 qm Grundstück A = 40.000 € : 1.000 qm = 40 €/qm x 100 qm = **4.000 €**
b) 900 qm Grundstück B = 51.000 €
   300 qm Grundstück B = 51.000 € : 900 qm = 56,67 €/qm x 300 qm = **17.000 €**

zu Tz. 3.

Anschaffungsnebenkosten (Notariats- und Gerichtskosten)	2.400 €
Anschaffungsnebenkosten (GrErwSt: 3,5 % von 360.000 €)	12.600 €
Anschaffungsnebenkosten insgesamt	**15.000 €**
Anschaffungskosten „Bebaute Grundstücke"	
20 % von 360.000 € =	72.000 €
+ 20 % von **15.000 €** (ANK)	3.000 €
Anschaffungskosten	**75.000 €**

Prüfungsfälle   133

zu Tz. 4.

Laufende Kfz-Kosten	7.784 €
Benzin beim Kauf des Pkws	115 €
Reparaturkosten (7.500 € – Erstattung 7.500 €)	0 €
AfA lt. Anlageverzeichnis	7.680 €
	15.579 €
30 % von 15.579 € =	**4.630,70 €**
4.630,70 € x 19 % USt =	**888,00 €**
30 % von 1.800 € =	**540,00 €**

zu Tz. 7.

a) Es liegt eine voraussichtlich dauernde Wertminderung handels- und steuerrechtlich vor (§ 253 Abs. 3 HGB, § 5 Abs. 1 Satz 1 EStG). Entsprechend **kann steuerlich** eine **Teilwertabschreibung** in Höhe von **7.000 €** (25.000 € – 18.000 €) vorgenommen werden. **Handelsrechtlich muss** der niedrigere beizulegende Wert angesetzt werden.

b) 24 € (Netto-Dividende) : 73,625 x 100 = 32,60 € (Brutto-Dividende) Privatsteuer: 8,60 € (32,60 € – 24,00 €)

zu Tz. 8.

30.09. bis 15.11.2021 = 45 Tage

$$\begin{array}{rcl} 90 \text{ Tage} & = & 300 \, € \\ 45 \text{ Tage} & = & x \end{array}$$

$$x = \frac{300 \, € \text{ x } 45 \text{ Tage}}{90 \text{ Tage}} = \mathbf{150 \, €}$$

zu Tz. 9.

Gesamtbestand der Forderungen lt. Saldenbilanz I		110.793,20 €
– Tz. 4 Verrechnung Forderung mit Verbindlichkeit	–	87,10 €
– Tz. 9.1) uneinbringliche Forderung Amsel	–	1.190,00 €
– Tz. 9.2) zweifelhafte Forderung Fink	–	2.380,00 €
pauschal wertzuberichtigende Forderungen		107.136,10 €
– Umsatzsteuer	–	17.105,76 €
= Bemessungsgrundlage der Pauschalwertberichtigung		90.030,34 €
Pauschalwertberichtigung am 31.12.2021 (1 % von 90.030,34 €)		900,30 €
– Tz. 15 Pauschalwertberichtigung am 31.12.2020	–	502,71 €
= **Zuführung** zur Pauschalwertberichtigung		**397,59 €**

134 Prüfungsfälle

zu Tz. 10.

b)			
Forderung an Hein Sperber aus 2020 (19 %)			1.785,00 €
− enthaltene Umsatzsteuer		−	285,00 €
= Nettoforderung			1.500,00 €
davon wahrscheinlich uneinbringlich (70 % von 1.500,00 €)			**1.050,00 €**
− Tz. 15 Einzelwertberichtigung zum 31.12.2020 Sperber		−	600,00 €
= Zuführung Einzelwertberichtigung Sperber zum 31.12.2021 um			**450,00 €**

d)			
Forderung an Edgar Schwan aus 2018 (19 %)			4.760,00 €
− Zahlung in 2021		−	3.570,00 €
= tatsächlicher Forderungsausfall (brutto)			1.190,00 €
− zu berichtigende USt (1.190,00 € : 1,19 x 19 %)		−	**190,00 €**
= tatsächlicher Forderungsverlust			1.000,00 €
− Tz. 15 Einzelwertberichtigung Schwan		−	2.400,00 €
= Forderungsverlust ist kleiner als Einzelwertberichtigung um			**1.400,00 €**

zu Tz. 13.

Berechnung der Bestandsveränderung	
Wert des Warenbestands zu Verkaufspreisen einschl. USt	238.000 €
− 19 % USt	− 38.000 €
	200.000 €
− 25 % Rohgewinnaufschlagsatz (200.000 € : 125 x 25)	− 40.000 €
AK zum 31.12.2021 (Endbestand)	160.000 €
AK zum 31.12.2020 (Anfangsbestand)	195.000 €
Bestandsveränderung (Bestandsminderung)	**35.000 €**

zu Tz. 14.

Darlehensauszahlung	194.000 € = 97 %
Darlehen	**200.000 €** (194.000 € : 97 x 100)
Damnum/Disagio: 3 % von 200.000 € =	6.000 € insgesamt für 10 Jahre
Damnum für ½ Jahr = **300 €** (6.000 € : 10 = 600 € jährlich : 2 = 300 € halbj.)	

Anlagenverzeichnis für die Zeit vom 01.01. bis 31.12.2021

Konto-Nr.	Bezeichnung des Gegenstandes	Ansch.- bzw. H.-tag	AK bzw. HK	ND Jahre	AfA-Art	AfA-%	jährliche AfA	Abgangs-tag	Bilanzwert am 01.01.21	Zugänge 2021	AfA 2021	Abgänge 2021	Bilanzwert am 31.12.21
0215 0065	Unbebaute Grundstücke												
	A = 1.000 qm	1990	40.000					2021	40.000			4.000	36.000
	B = 900 qm	2010	60.000					03.12.21	51.000			17.000	34.000
									91.000			21.000	70.000
0235 0855	Bebaute Grundstücke												
	C	2021	75.000						0	75.000			75.000
0240 0090	Geschäftsbauten												
	Betriebsgebäude	05/2021	300.000	50	lin.	2	6.000		0	300.000	4.000		296.000
0520 0320	Pkw												
	Audi A 8	10/2018	45.000	6	lin.	16,66	7.500	11/2021	28.125		6.250	21.875	0
	Audi A 4	11/2021	51.480	6	degr..	25	variabel		0	51.480	2.145		49.335
									28.125	51.480	8.395	21.875	49.335
0540 0350	Lkw												
	1	05/2018	38.000	5	lin.	20	7.600		17.733		7.600		10.133
	2	10/2018	40.000	5	lin.	20	8.000		22.000		8.000		14.000
									39.733		15.600		24.133
0650 0420	Büroeinrichtung												
	Schreibautomat	07/2018	12.000	6	lin.	16,66	2.000		7.000		2.000		5.000
	Computer alt	06/2018	12.000	5	lin.	20	2.400		5.800		5.799	TWA	1
	Computer neu	03/2021	14.000	1	lin.	100	13.999		0	14.000	13.999		1
	Schreibtisch	09/2021	2.000	10	degr.	25	variabel		0	2.000	167		1.833
									12.800	16.000	21.965		6.835
0820 0510	Beteiligungen												
	Geier-Bau GmbH	2014	30.000						25.000		7.000	TWA	18.000
	Geschäftsanteile	2014	1.200						1.200				1.200
									26.200		7.000		19.200

136 Prüfungsfälle

AUFGABE

Der selbständige Dachdeckermeister Anton Maier (geb. am 31.08.1975) lebt mit seiner Familie in Stuttgart; dort betreibt er auch seinen Gewerbebetrieb in einer eigenen Immobilie.

Die Ehefrau Luise Maier, geb. Müller, (geb. am 09.03.1976) arbeitet ganztägig als Bürokauffrau im Betrieb ihres Ehemanns. Luise Maier hat von ihrem Vater, Walter Müller, eine Beteiligung (20 %) an der Schwäble GmbH, Stuttgart, geerbt. Ihr Gewinnanteil für das Geschäftsjahr 2020 in Höhe von 20.000 € wurde ihr am 18.05.2021 ausbezahlt.
Die Tochter Anna (geb. am 26.01.2012) besucht die Grundschule in Stuttgart und wird von einer Tagesmutter betreut (Aufwendungen 7.200 €/Jahr).

Frau Luise Maier hat den – vereinfacht dargestellten – Jahresabschluss für das Jahr 2021 vorbereitet (Beträge in €):

Aktiva	vorläufige Bilanz zum 31.12.2021		Passiva
Anlagevermögen	200.000 €	Eigenkapital 31.12.2020	233.800 €
Umlaufvermögen	396.000 €	Privatkonto 2021	– 40.000 €
Vorsteuer	98.800 €	Gewinn 2021	56.000 €
		Verbindlichkeiten	350.000 €
		Umsatzsteuer	95.000 €
	694.800 €		694.800 €

Aufwendungen	vorläufige Gewinn- und Verlustrechnung 2021		Erträge
Abschreibungen	44.000 €	Umsatzerlöse	920.000 €
Personalaufwendungen	320.000 €	Sonstige betr. Erträge	20.000 €
Materialeinsatz	420.000 €		
Sonstige betr. Aufwendungen	100.000 €		
Gewinn	56.000 €		
	940.000 €		940.000 €

Folgende Geschäftsvorfälle wurden von Frau Maier noch nicht berücksichtigt:

1. Anton Maier arbeitete im Dezember 2021 für die Bau AG, Stuttgart, als Subunternehmer auf einer Baustelle in Stuttgart. Die Werkleistung wurde vom Auftraggeber im Dezember 2021 abgenommen. Herr Maier erstellte die Rechnung erst im Januar 2022 und berechnete der Bau AG vereinbarungsgemäß 20.000 € (netto).

2. Der betriebliche Pkw wird von den Maiers auch für Privatfahrten (20 %) genutzt. Der Pkw verursachte 12.000 € Abschreibungen, 5.000 € Benzin- und Wartungskosten und 1.000 € Steuern und Versicherungen. Ein ordnungsgemäßes Fahrtenbuch wird geführt.

3. Im Mai 2021 beschäftigte Anton Maier eine Aushilfskraft auf „450 €-Basis".
Die Aushilfskraft erhielt den Lohn i. H. v. 400 € bar ausbezahlt. Luise Maier zahlte den Betrag aus ihrer Haushaltskasse. Der Betrieb hat weniger als 30 Beschäftigte. Die Aushilfskraft hat auf die Rentenversicherungspflicht verzichtet.

Prüfungsfälle 137

4. Am 07.06.2021 erwarb Anton Maier einen neuen Bürostuhl (ND 12 Jahre) für das Büro seiner Ehefrau. Diesen Geschäftsvorfall buchte er wie folgt:

Sollkonto	Betrag (€)	Habenkonto
0650 (0420) Büroeinrichtung	500,00	
1406 (1576) Vorsteuer 19 %	95,00	
	595,00	**3300** (1600) Verbindlichk. aLuL
3300 (1600) Verbindlichk. aLuL	595,00	**1800** (1200) Bank

Weitere Informationen:

Die Familie Maier bewohnt ein Gebäude, das zu 60 % betrieblich und zu 40 % zu Wohnzwecken genutzt wird. Der Einheitswert des Grundstücks (Wertverhältnisse 01.01.1964) beträgt 50.000 €.

In den „Sonstigen betrieblichen Aufwendungen" befinden sich Zinszahlungen in Höhe von 6.000 € für ein langfristiges Bankdarlehen.

Der Gewerbesteuer-Hebesatz der Gemeinde Stuttgart beträgt 420 %.

Bei Abweichungen zwischen handelsrechtlicher und steuerrechtlicher Kontierung ist die steuerrechtliche Kontierung vorzunehmen. Insbesondere wird für steuerrechtliche Zwecke eine getrennte Anlagenbuchhaltung geführt.

Wahlrechte sollen so in Anspruch genommen werde, dass ein möglichst geringer steuerlicher Gewinn im Jahre 2021 ausgewiesen wird. § 7g EStG kann nicht angewendet werden.

Lösung:

Tz.	vorläufiger Gewinn	56.000,00 €
1.	Maier hat seine Leistung im Dezember 2021 erbracht; er muss seine Forderung gegenüber der Bau AG aktivieren und gleichzeitig einen Ertrag ausweisen. Das Datum der Rechnung ist insoweit ohne Bedeutung. Die Umsatzsteuer muss in diesem Fall gem. § 13b UStG der Leistungsempfänger, in diesem Fall die Bau AG, tragen.	

Nachbuchung:

Sollkonto	Betrag (€)	Habenkonto	
Forderungen aLuL	20.000,00	Erlöse	+ 20.000,00 €

Tz.		
2.	Die private Nutzung des Pkws ist einkommensteuerlich eine Entnahme und umsatzsteuerlich eine „unentgeltliche Wertabgabe". Buchhalterisch erscheint der Sachverhalt als fiktiver Umsatzerlös (UE), wobei die entstandenen Kosten als Ertrag auszuweisen sind. Die Kosten, die nicht mit Vorsteuer belastet waren, unterliegen auch nicht der Umsatzsteuer.	

Berechnung:

Kosten mit Vorsteuer	12.000,00 €	
	+ 5.000,00 €	
	17.000,00 €	
davon 20 %		**3.400,00 €**
+ 19 % USt		**646,00 €**
Kosten ohne Vorsteuer	1.000,00 €	
davon 20 %		**200,00 €**

Nachbuchung:

Sollkonto	Betrag (€)	Habenkonto	
Privatentnahmen	4.246,00		
	3.400,00	Fiktive UE (stpfl.)	+ 3.400,00 €
	646,00	USt 19 %	
	200,00	Fiktive UE (steuerfrei)	+ 200,00 €

Tz.		
3.	Der Arbeitslohn ist ein Aufwand, der noch gebucht werden muss. Der Lohn ist mit 31,51 % (Buchführung 1, S. 242 ff.) Pauschalabgaben (126,04 €) zu belasten. Die Beiträge hat der Arbeitgeber allein zu tragen.	

Nachbuchung:

Sollkonto	Betrag (€)	Habenkonto	
Personalaufwendungen	526,04		- 526,04 €
	400,00	Privateinlagen	
	126,04	Verb. i.R.d.s.S.	
Zwischensumme:			79.073,96 €

Tz.	Zwischensumme:			79.073,96 €
4.	Nach § 6 Abs. 2 EStG können Wirtschaftsgüter des Anlagevermögens mit Anschaffungskosten bis netto 800 € (GWG) entweder über die betriebsgewöhnliche Nutzungsdauer abgeschrieben oder im Jahr der Anschaffung in voller Höhe als Betriebsausgabe angesetzt werden. Die Sofortabschreibung in 2021 ist günstiger als die planmäßige Abschreibung über 12 Jahre.			
	Nachbuchung:			
	Sollkonto	**Betrag (€)**	**Habenkonto**	
	Sofortabschreibung GWG	500,00	Büroeinrichtung	– 500,00 €
	steuerlicher Gewinn			**78.573,96 €**

Im **handelsrechtlichen** Jahresabschluss muss noch die Gewerbesteuerrückstellung erfasst werden. Die handelsrechtliche Aufwandsbuchung beeinflusst jedoch nicht den steuerlichen Gewinn, da die GewSt nicht steuerlich abzugsfähig ist (§ 4 Abs. 5b EStG).

Die **Gewerbesteuer** wird für den EZ 2021 wie folgt berechnet:

			€
	Gewinn aus Gewerbebetrieb (siehe oben)		**78.573,96**
+	Hinzurechnungen (§ 8 GewStG)		
	Entgelte für Schulden (Zinsaufwendungen)	6.000,00 €	
–	Freibetrag	– 100.000,00 €	
=	verbleibender Betrag	0 €	
x	25 % (= Hinzurechnungsbetrag)		+ 0,00
–	Kürzungen (§ 9 GewStG)		
	EW 50.000 € x 1,4 x 60 % x 1,2 %		– 504,00
=	maßgebender Gewerbeertrag (§ 10 GewStG)		78.069,96
	Abrundung auf volle 100 Euro		78.000,00
–	Freibetrag		– 24.500,00
=	(endgültiger) Gewerbeertrag		53.500,00
x	(einheitliche) Steuermesszahl 3,5 %		
=	Steuermessbetrag (3,5 % von 53.500 €)		1.872,50
x	Hebesatz (420 %)		
=	**Gewerbesteuer** (420 % von 1.872,50 €)		**7.864,50**

Nach § 249 Abs. 1 HGB ist für die noch zu zahlende Gewerbesteuer 2021 eine Rückstellung zu bilden, wodurch sich der handelsrechtliche Gewinn auf 70.709,46 € reduziert.

Nachbuchung:

Sollkonto	Betrag (€)	Habenkonto
Gewerbesteuer	7.864,50	GewSt-Rückstellung

Endgültiger (vereinfachter) Jahresabschluss:

Aktiva	Bilanz zum 31.12.2021		Passiva
Anlagevermögen	199.500,00	Eigenkapital 31.12.2020	233.800,00
Umlaufvermögen	416.000,00	Privatkonto 2021	- 43.846,00
Vorsteuer	98.800,00	GuVR	70.709,46
		GewSt-Rückstellung	7.864,50
		Verbindlichkeiten	350.126,04
		Umsatzsteuer	95.646,00
	714.300,00		714.300,00

Aufwendungen	Gewinn- und Verlustrechnung 2022		Erträge
Abschreibungen	44.500,00	Umsatzerlöse	943.600,00
Personalaufwendungen	320.526,04	Sonstige betriebliche Erträge	20.000,00
Materialeinsatz	420.000,00		
Sonst. betr. Aufwendungen	100.000,00		
Gewerbesteuer	7.864,50		
Gewinn	**70.709,46**		
	963.600,00		963.600,00

Prüfungsfälle   141

AUFGABE

Siegfried Farmer e.K. betreibt in Dresden einen Handel mit Stahlwaren aller Art sowie das Be- und Verarbeiten von Stahlprodukten. Farmer ist regelbesteuerter Unternehmer im Sinne des UStG.

Die nachstehenden Sachverhalte (1 bis 11) für das Jahr 2021 sind zu prüfen und entsprechend zu bearbeiten.

Alle notwendigen beleg- und buchmäßigen Nachweise gelten als erbracht.

Bei Abweichungen zwischen handelsrechtlicher und steuerrechtlicher Kontierung ist die steuerrechtliche Kontierung vorzunehmen. Insbesondere wird für steuerrechtliche Zwecke eine getrennte Anlagenbuchhaltung geführt.

Farmer möchte im Wirtschaftsjahr 2021 einen möglichst geringen steuerlichen Gewinn ausweisen.

Sachverhalt 1

Farmer begann im Oktober 2020 mit dem Bau einer neuen Lagerhalle. Die erste Abschlagszahlung in Höhe von 50.000 € zzgl. 19 % USt wurde bei der Überweisung wie folgt gebucht:

Sollkonto	Betrag (€)	Habenkonto
0710 (0120) Geschäftsbauten im Bau	50.000,00	
1406 (1576) Vorsteuer 19 %	9.500,00	
	59.500,00	**1800** (1200) Bank

Die Lagerhalle wurde am 06.04.2021 fertiggestellt. Die Schlussrechnung lautete:

Bauleistungen		250.000,00 €
+ 19 % USt		47.500,00 €
insgesamt		297.500,00 €
− Anzahlung	50.000,00 €	
+ 19 % USt	9.500,00 €	− 59.500,00 €
= Restbetrag		238.000,00 €

Zur Finanzierung der Restsumme nahm Herr Farmer einen Kredit bei seiner Hausbank auf. Da die Hausbank den Restbetrag in Höhe von 238.000 € direkt an die Baufirma überwies, erfolgte bisher noch keine Buchung. Die Kreditkonditionen lauteten:

Auszahlung:	95,2 %
Zinsen:	3 % p.a.
Zinsfälligkeit:	halbjährlich (30.06./31.12.)
Tilgung:	01.04.2031
Auszahlung:	01.04.2021

Sachverhalt 2

Die Zinsen zum 30.06.2021 (Sachverhalt 1) wurden ordnungsgemäß gebucht. Die Zinsen zum nächsten Fälligkeitstermin werden erst am 7. Januar 2022 überwiesen, deswegen wurde im Jahre 2021l insoweit noch keine Buchung vorgenommen.

Prüfungsfälle

Sachverhalt 3

Farmer lieferte am 26.11.2021 eine größere Menge Stahlträger für 100.000 € netto an den italienischen Unternehmer Luigi Rossi, Mailand. Die Bezahlung erfolgte am 07.12.2021 unter Abzug von 3 % Skonto versehentlich auf Farmers Privatkonto. Die Ausgangsrechnung wurde korrekt gebucht. Der Zahlungsausgleich ist noch nicht erfasst.

Sachverhalt 4

Den Transport der Stahlträger übernahm eine Leipziger Spedition. Die Rechnung über 850 € zzgl. 19 % USt wurde von Farmer bar aus seinem Privatvermögen bezahlt; deswegen erfolgte noch keine Buchung.

Sachverhalt 5

Farmer lieferte Mitte Dezember 2021 Stahl an einen Kunden in Brasilien. Der vereinbarte Kaufpreis betrug 120.000 US-$. Es wurde ein Zahlungsziel von vier Wochen vereinbart. Der $-Kurs lag am Tag der Lieferung bei 1 € = 1,08 US-$ und am 31.12.2021 bei 1 € = 1,16 US-$. Die Ausgangsrechnung wurde korrekt gebucht. Am Tag der Bilanzaufstellung lag der Kurs bei 1 € = 1,17 US-$.

Sachverhalt 6

Zum 31.12.2020 wurde eine Rückstellung für Prozesskosten über 8.000 € gebildet. Farmer verlor den Prozess und zahlte von seinem privaten Bankkonto:

- Rechtsanwaltshonorar: 5.000 € zzgl. 19 % USt,
- Gerichtsgebühren 500 €.

Eine Buchung ist bisher noch nicht erfolgt.

Sachverhalt 7

Im Fußballstadion des Vereins „Turbine Dresden" hat Farmer Werbeflächen (Banden-werbung) angemietet. Die Miete beträgt 4.000 € zzgl. USt und ist vierteljährlich im Voraus fällig. Die Miete für das 1. Quartal 2022 zahlte Farmer schon am 30.12.2021 und buchte:

Sollkonto	Betrag (€)	Habenkonto
6600 (4600) Werbekosten	4.760,00	**1800** (1200) Bank

Sachverhalt 8

Am 07.12.2021 kaufte sich Farmer einen neuen Mikrowellenherd für seinen Privathaushalt. Das Altgerät, das er im Jahre 2018 für 2.000 € angeschafft hatte, wird seit Dezember 2021 ausschließlich im Betrieb genutzt. Die Wiederbeschaffungskosten des Altgeräts betragen 500 €. Das Gerät hat noch eine Restnutzungsdauer von 3 Jahren. Bisher wurde noch keine Buchung vorgenommen.

Sachverhalt 9

Farmer schenkte einem guten Kunden zu Weihnachten 2021 einen Wandteller, den er im November für 90 € zzgl. 19 % USt angeschafft hatte. Den Kauf des Tellers buchte er mit dem Nettowert auf das Wareneingangskonto und die Umsatzsteuer in Höhe von 17,10 € auf das Konto Vorsteuer. Weitere Buchungen sind nicht erfolgt.

Prüfungsfälle 143

Sachverhalt 10

An der betrieblichen Weihnachtsfeier nahmen 10 Mitarbeiter mit ihren Lebenspartnern teil.
Die (vereinfachte) Rechnung für die Feier lautete:

Speisen und Getränke	500,00 €
Tischdekoration	100,00 €
musikalische Umrahmung	200,00 €
	800,00 €
+ 19 % USt	152,00 €
Rechnungsbetrag	952,00 €

Die Rechnung ging am 28.12.2021 ein und wird erst im Januar 2022 bezahlt. Im Jahre 2021 erfolgte noch keine Buchung.

Sachverhalt 11:

Auf dem Konto „Bestand Betriebsstoffe" (Heizöl) betrug der Saldo am 31.12.2020 1.987,50 € (6.625 l). Laut Inventur am 31.12.2021 betrug der Endbestand 1.600 l. Nach vorliegenden Eingangsrechnungen wurde im Jahre 2021 folgendes Heizöl eingekauft:

Datum	Menge (l)	Preis (€/l)
17.03.	5.000	0,30
01.07.	6.000	0,32
15.09.	3.000	0,31
13.10.	4.500	0,32
17.11.	8.000	0,33

In den Vorjahren hat Farmer den Endbestand zulässigerweise nach dem gewogenen Durchschnitt ermittelt. Eine Buchung im Rahmen der vorbereitenden Jahresabschlussarbeiten ist noch nicht erfolgt. Die Wiederbeschaffungskosten des Heizöls betragen am 31.12.2021 0,34 €/l.
Beim Durchschnittswert je Bewertungseinheit sind fünf Stellen hinter dem Komma anzusetzen.

144 Prüfungsfälle

Lösung:

zum Sachverhalt 1

Sollkonto	Betrag (€)	Habenkonto
0240 (0090) Gebäude	50.000,00	**0710** (0120) Gebäude im Bau
0240 (0090) Gebäude **1406** (1576) Vorsteuer 19 %	200.000,00 38.000,00 238.000,00	**3300** (1600) Verbindlichk. aLuL
3300 (1600) Verbindlichk. aLuL **1940** (0986) Damnum/Disagio	238.000,00 12.000,00 250.000,00*	**3200** (0680) Darlehen
7324 (2124) Abschr. auf Disagio	900,00**	**1940** (0986) Damnum/Disagio

* Auszahlung des Darlehens zu 95,2 % : 238.000 € : 95,2 x 100 = **250.000 €** (100 %)

** Auflösung des Damnums/Disagios: 12.000 € : 10 Jahre = 1.200 € x $\frac{9}{12}$ = **900 €**

zum Sachverhalt 2

Sollkonto	Betrag (€)	Habenkonto
7320 (2120) Zinsaufwendungen	3.750,00*	**3500** (1700) Sonstige Verbindlichk.

* Zinsaufwendungen 2021: 250.000 € x 3 % x $\frac{6}{12}$ = **3.750 €**

zum Sachverhalt 3

Sollkonto	Betrag (€)	Habenkonto
2100 (1800) Privatentnahmen **4743** (8743) Gewährte Skonti	97.000,00 3.000,00 100.000,00	**1200** (1400) Forderungen aLuL

zum Sachverhalt 4

Sollkonto	Betrag (€)	Habenkonto
6740 (4730) Ausgangsfrachten **1406** (1576) Vorsteuer 19 %	850,00 161,50 1.011,50	**2180** (1890) Privateinlagen

zum Sachverhalt 5

Sollkonto	Betrag (€)	Habenkonto
6880 (2150) Aufw. aus Kursdiff.	7.662,84	**1200** (1400) Forderungen aLuL

€-Wert bei Lieferung: 120.000 € x 1,00 €/1,08 $ = 111.111,11 €

€-Wert am Bilanzstichtag: 120.000 € x 1,00 €/1,16 $ = 103.448,27 €

voraussichtlich dauernde Wertminderung: Kurs bei Bilanzaufstellung: 1 € = 1,17 $

Das steuerliche Wahlrecht, den niedrigeren Wert anzusetzen, wird in Anspruch genommen.

zum Sachverhalt 6

Sollkonto	Betrag (€)	Habenkonto
3070 (0970) Sonst. Rückstellungen **1406** (1576) Vorsteuer 19 %	8.000,00 950,00 2.500,00 6.450,00	 **4930** (2735) Erträge aus Aufl. **2180** (1890) Privateinlagen

zum Sachverhalt 7

Sollkonto	Betrag (€)	Habenkonto
1900 (0980) Aktive RAP **1406** (1576) Vorsteuer 19 %	4.000,00 760,00 4.760,00	 **6600** (4600) Werbekosten

zum Sachverhalt 8

Sollkonto	Betrag (€)	Habenkonto
6260 (4855) Sofortabschr. GWG	500,00*	**2180** (1890) Privateinlagen

* In 2021 ist die Sofortabschreibung höher als die lineare AfA (500 € : 3 x ¹⁄₁₂ = 14 €).

zum Sachverhalt 9

Sollkonto	Betrag (€)	Habenkonto
6620 (4635) Geschenke nicht abz.	107,10 90,00 17,10	 **5200** (3200) Wareneingang **1406** (1576) Vorsteuer 19 %

zum Sachverhalt 10

Sollkonto	Betrag (€)	Habenkonto
6130 (4140) Freiw. soziale Aufw. **1406** (1576) Vorsteuer 19 %	800,00 152,00 952,00	 **3300** (1600) Verbindlichk. aLuL

Der Aufwand je Mitarbeiter beträgt **nicht mehr als 110 Euro** (952 € : 10 Mitarbeiter), sodass kein geldwerter Vorteil vorliegt (§ 19 Abs. 1 Satz 1 Nr. 1a EStG).

zum Sachverhalt 11

Sollkonto	Betrag (€)	Habenkonto
5883 (3963) BV Betriebsstoffe	1.484,32	**1030** (3973) Betriebsstoffe

Durchschnittswert je Bewertungseinheit = 10.417,50 € (Vorrätewert) : 33.125 l
(Vorrätemenge) = **0,31449 €/l**

Endbestand: 1.600 l x 0,31449 €/l = **503,18 €**

1.987,50 € (Anfangsbestand) – 503,18 € (Endbestand) = **1.484,32 €**

(siehe Lehrbuch Seiten 155 f.)

146 Prüfungsfälle

A U F G A B E

1. Bilden Sie für das Möbelhaus André Bucher e.K. die für 2021 noch erforderlichen Buchungssätze. Herr Bucher betreibt sein Fachgeschäft in München und unterhält eine Filiale in Bad Tölz. Bei Abweichungen zwischen handelsrechtlicher und steuerrechtlicher Kontierung ist die steuerrechtliche Kontierung vorzunehmen. Insbesondere wird für steuerrechtliche Zwecke eine getrennte Anlagenbuchhaltung geführt. Der steuerliche Gewinn soll so niedrig wie möglich sein.

1.1 Im Rahmen der Weihnachtssonderaktion hat ein Kunde eine Küche für brutto 14.851,20 € bestellt (Lieferung Anfang 2022) und sofort den gesamten Kaufpreis unter Abzug von 3 % Rabatt bar bezahlt. Der Kunde erhielt eine Quittung ohne Umsatzsteuerausweis.

1.2 Herr Bucher erhielt von einem deutschen Lieferanten 55 Küchenstühle. Der Rechnungsbetrag lautete über 2.200 € + USt.

1.3 Wegen Beschädigungen wurden zwei Stühle zurückgesandt. Das Möbelhaus Bucher erhielt hierfür eine Gutschrift über 80 € + USt.

1.4 Der Restbetrag aus der obigen Lieferung der Stühle wurde unter Abzug von 2 % Skonto vom betrieblichen Bankkonto des Herrn Bucher überwiesen.

1.5 Von einem Hersteller aus Rumänien wurden 20 Bürotische an das Möbelhaus Bucher zum Nettopreis von 24.000 € geliefert. Die Rechnung enthält die USt-IdNr. des rumänischen Lieferers, die USt-IdNr. des deutschen Erwerbers und den Hinweis auf die Steuerbefreiung der Lieferung.

1.6 Die Eingangsrechnung aus Rumänien wurde von Herrn Bucher unter Abzug von 2 % Skonto per Bank beglichen.

1.7 Bucher kaufte von einem chinesischen Hersteller Regale. Der Rechnungsbetrag lautete über 18.400 €. Die Lieferung erfolgte unverzollt und unversteuert und wurde richtig gebucht.
Bilden Sie die Buchungssätze für 15 % Zoll und die Einfuhrumsatzsteuer (EUSt). Zoll und EUSt wurden per Bank überwiesen.

2. Der Unternehmer Bucher erwarb am 12.11.2021 einen neuen Pkw. Der Autohändler stellte ihm folgende (vereinfachte) Rechnung aus:

	Listenpreis	26.520,00 €
+	Sonderausstattung (Lackierung, Klimaanlage)	3.600,00 €
+	Überführung	490,00 €
	gesamt	30.610,00 €
+	19 % Umsatzsteuer	5.815,90 €
	brutto	36.425,90 €

2.1 Bilden Sie den Buchungssatz für den Kauf des Pkws. Die Zahlung erfolgte durch Bankscheck.

2.2 Die Zulassungsgebühr in Höhe von 25,90 € und die Kosten für die Kennzeichen von 24,50 € + USt sowie die erste Tankfüllung mit 60 € + USt wurden bar bezahlt.

	Prüfungsfälle **147**

2.3 Bilden Sie den Buchungssatz für die maximale Abschreibung des Pkws zum Jahresende. Die betriebsgewöhnliche Nutzungsdauer des Fahrzeugs beträgt 6 Jahre.

2.4 Der Pkw wurde von Herrn Bucher im November und Dezember 2021 auch privat genutzt. Bilden Sie den Buchungssatz nach der 1 %-Methode. Fahrten zwischen Wohnung und Betriebsstätte sind nicht angefallen.

3. Herr Bucher hat für sein Büro Mitte Dezember 2021 bei verschiedenen Lieferanten noch nachfolgende Anschaffungen getätigt. Ordnungsmäßige Rechnungen liegen vor; die Lieferungen erfolgten jeweils noch im Dezember 2021. Bilden Sie die für den Jahresabschluss 2021 noch erforderlichen Buchungssätze.

3.1 Anschaffung eines neuen Aktenvernichters: Listenpreis 999 € + USt. Der Hersteller gewährt einen Sonderrabatt von 30 % und bei Zahlung innerhalb von 14 Tagen 2 % Skonto. Bucher bezahlte sofort mit der betrieblichen EC-Karte. Die betriebsgewöhnliche Nutzungsdauer des Aktenvernichters beträgt 8 Jahre.

3.2 Kauf eines neuen Besucherschreibtisches: Listenpreis 3.420 € + USt. Die betriebsgewöhnliche Nutzungsdauer des Tisches beträgt 13 Jahre.

4. Herr Bucher hat am 30. September 2021 ein Fälligkeitsdarlehen über 500.000 € zur Finanzierung des Anlagevermögens zu folgenden Konditionen bei seiner Hausbank aufgenommen:
Auszahlung: 97 %, Zinssatz 4,75 %, Laufzeit 10 Jahre.

4.1 Bilden Sie den Buchungssatz für die Gutschrift auf dem Bankkonto.

4.2 Zum 31.12.2021 belastet die Bank den Unternehmer Bucher mit den Zinsen für drei Monate. Bilden Sie alle für den Jahresabschluss noch erforderlichen Buchungssätze.

5. Herr Bucher besuchte 2021 an drei Tagen (Abfahrt Montag 06:10 Uhr, Rückkehr Mittwoch 22:15 Uhr) die Computer-Messe CEBIT in Hannover. Es fielen folgende Ausgaben an, für die ordnungsgemäße Belege vorliegen.

5.1 Fahrkarte der Deutschen Bahn AG   130 €
2 Hotelübernachtung (ohne Frühstück)   178 €
Die Bruttobeträge wurden mit der betrieblichen EC-Karte gezahlt.

5.2 Die Verpflegungsmehraufwendungen entnahm Herr Bucher der Kasse (Eigenbeleg).

5.3 Am letzten Messetag musste Herr Bucher ein Taxi nehmen. Er entnahm den quittierten Betrag in Höhe von 15 € (Stadtfahrt) aus der Kasse.

6. Ein langjähriger, guter Kunde erhielt bei einem Besuch von Herrn Bucher eine Vase als Geschenk überreicht, die aus dem Warenlager entnommen wurde. Der Inhaber stellte darüber einen Eigenbeleg aus. Die Vase wurde eine Woche vorher für 48 € + USt eingekauft. Der Verkaufspreis der Vase beträgt 78 € + USt.

7. Ein langjähriger Kunde kam unerwartet in Zahlungsschwierigkeiten. Die Forderung über 21.420 € einschl. 19 % USt wurde zum 31.12.2020 nur noch mit 40 % bewertet, es wurde eine entsprechende Einzelwertberichtigung gebildet. 2021 wurde mit dem Kunden vereinbart, ihm 70 % seiner ursprünglichen Verbindlichkeit zu erlassen. Der Restbetrag ging vertragsgemäß am 30.12.2021 auf dem Bankkonto ein.
Bilden Sie alle für 2021 erforderlichen Buchungssätze.

148 Prüfungsfälle

8. Bilden Sie für den Jahresabschluss 2021 die Buchungssätze für die folgenden Geschäftsvorfälle, die noch nicht gebucht sind (Ausnahme: 8.3).

8.1 Die Dezembermiete 2021 für die Filiale Bad Tölz wird am 14.01.2022 von Herrn Bucher per Bank überwiesen. Die Lastschrift lautet über 14.280 € einschl. USt.

8.2 Am 13.01.2022 geht die Telefonrechnung für Dezember 2021 über 1.988,20 € ein. Der Betrag wird am selben Tag per Einzugsermächtigung abgebucht.

8.3 Die Kfz-Steuer für den Lieferwagen des Möbelhauses in Höhe von 900 € wurde für den Zeitraum vom 01.09.2021 bis 31.08.2022 per Banküberweisung bezahlt und auf das Konto „**7685** (4510) Kfz-Steuer" gebucht.

8.4 Herr Bucher nutzt einen Kleintraktor zum Schneeräumen der Parkplätze. An diesem Traktor wird Ende 2021 von einem Landmaschinenmechaniker die regelmäßige Inspektion durchgeführt. Anfang 2022 geht die Rechnung über 148,75 € ein. Der Landmaschinenmechaniker ist Kleinunternehmer i.S.d. § 19 UStG.

8.5 Das Dach eines Betriebsgebäudes wird durch einen Sturm im Dezember 2021 beschädigt. Der Schaden ist geringfügig und wird erst im Februar 2022 für 3.000 € + USt repariert.

8.6 Sachverhalte wie zuvor (8.5) mit dem Unterschied, dass die Reparatur erst im Mai 2022 ausgeführt wird.

9. Der Unternehmer Bucher erwarb am 18.05.2021 ein Software-System für die Erstellung von Ausgangsrechnungen und die Lagerbuchhaltung. Der Anschaffungspreis betrug 7.200 € + USt.

9.1 Bilden Sie den Buchungssatz für den Kauf des Software-Systems.

9.2 Die Bezahlung der Rechnung erfolgte Anfang Juni 2021 unter Abzug von 3 % Skonto vom Anschaffungspreis durch Banküberweisung.
Bilden Sie den Buchungssatz für die Zahlung im Juni 2021.

9.3 Die Installation des Software-Systems erfolgte im Mai 2021 durch einen Mitarbeiter des Softwarehauses. Die Kosten dafür betrugen 400 € + USt.
Bilden Sie den Buchungssatz für die Installation im Mai 2021.

9.4 Berechnen Sie die Anschaffungskosten des Software-Systems.

9.5 Bilden Sie den Buchungssatz für die AfA. Die Software war ab 27. Mai 2022 einsetzbar.

10. Folgende Gehaltszahlung für Dezember 2021 ist noch nicht gebucht. Die Überweisung des Auszahlungsbetrags erfolgt am 31.12.2021 per Bank. Ein Mitarbeiter (22 Jahre alt, ledig, ohne Kinder) erhält aufgrund arbeitsvertraglicher Regelungen neben dem tariflichen Arbeitslohn von 1.500 €/Monat auch eine verbilligte Wohnung, deren ortsübliche Miete einschließlich Nebenkosten 350 € beträgt. Der Arbeitnehmer bezahlt nur 200 €/Monat, die er gesondert überweist. Folgende Angaben sind noch zu berücksichtigen:

Steuern	136,48 €
Arbeitnehmeranteil zur Sozialversicherung	337,02 €
Arbeitgeberanteil zur Sozialversicherung	318,87 €

Prüfungsfälle **149**

Lösung:

zu 1.1

Sollkonto	Betrag (€)	Habenkonto
1600 (1000) Kasse	14.405,66* 12.105,60** 2.300,06***	 **3272** (1718) Erhaltene Anzahlungen **3806** (1776) Umsatzsteuer 19 %

   *   14.851,20 € – 445,54 € (3 % Rabatt) = **14.405,66 €**

  ** 14.405,66 € : 1,19 = **12.105,60 €**

 *** 19 % von 12.105,60 € = **2.300,06 €**

Sofortrabatte werden in der Regel buchmäßig nicht erfasst.

zu 1.2

Sollkonto	Betrag (€)	Habenkonto
5200 (3200) Wareneingang **1406** (1576) Vorsteuer 19 %	2.200,00 418,00 2.618,00	 **3300** (1600) Verbindlichkeiten aLuL

zu 1.3

Sollkonto	Betrag (€)	Habenkonto
3300 (1600) Verbindlichk. aLuL	95,20 80,00 15,20	 **5200** (3200) Wareneingang **1406** (1576) Vorsteuer 19 %

zu 1.4

Sollkonto	Betrag (€)	Habenkonto
3300 (1600) Verbindlichk. aLuL	2.522,80 2.472,34* 42,40** 8,06***	 **1800** (1200) Bank **5736** (3736) Erhaltene Skonti **1406** (1576) Vorsteuer 19 %

   *   2.618,00 € – 95,20 € (Rücksendung) = 2.522,80 € – 50,46 (2 % Skonto) = **2.472,34 €**

  ** 50,46 € : 1,19 = **42,40 €**

 *** 19 % von 42,40 € = **8,06 €**

zu 1.5

Sollkonto	Betrag (€)	Habenkonto
5425 (3425) Innerg. Erwerb **1404** (1574) VoSt aus innerg. E.	24.000,00 4.560,00	**3300** (1600) Verbindlichkeiten aLuL **3804** (1774) USt aus innerg. Erwerb

150 Prüfungsfälle

zu 1.6

Sollkonto	Betrag (€)	Habenkonto
3300 (1600) Verbindlichk. aLuL	24.000,00	
	23.520,00	**1800** (1200) Bank
	480,00	**5748** (3748) Erhalt. Skonti aus i. E.
3804 (1774) USt aus innerg. E.	91,20*	**1404** (1574) VoSt aus innerg. E.

* Korrektur USt/VoSt: 2 % von 4.560 € = **91,20 €**

zu 1.7

Sollkonto	Betrag (€)	Habenkonto
5840 (3850) Zölle und EUSt	2.760,00*	
1433 (1588) Bezahlte EUSt	4.020,40**	
	6.780,40	**1800** (1200) Bank

* Zoll: 15 % von 18.400 € = **2.760 €**
** EUSt: 19 % von 21.160 € (18.400 € + 2.760 €) = **4.020,40 €**

zu 2.1

Sollkonto	Betrag (€)	Habenkonto
0520 (0320) Pkw	30.610,00	
1406 (1576) Vorsteuer 19 %	5.815,90	
	36.425,90	**1800** (1200) Bank

zu 2.2

Sollkonto	Betrag (€)	Habenkonto
0520 (0320) Pkw	50,40*	
6500 (4500) Fahrzeugkosten	60,00	
1406 (1576) Vorsteuer 19 %	16,06**	
	126,46	**1600** (1000) Kasse

* ANK: 25,90 € + 24,50 € = **50,40 €**
** VoSt: 19 % von 84.50 € (24,50 € + 60 €) = **16,06 €**

zu 2.3

Sollkonto	Betrag (€)	Habenkonto
6222 (4832) Abschr. auf Kfz	1.278,00*	**0520** (0320) Pkw

* AfA: degressive AfA in Höhe von 25 % von 30.660,40 € (30.610 € + 50,40 €) = 7.665 € x $\frac{2}{12}$ = **1.278 €**

zu 2.4

Sollkonto	Betrag (€)	Habenkonto
2100 (1800) Privatentnahmen	824,83	
	572,80	**4645** (8921) Verwendung von G.
	108,83	**3806** (1776) Umsatzsteuer 19 %
	143,20	**4639** (8924) Verwendung von G. ohne USt

Listenpreis + Sonderausstattung (netto)	30.120,00 €
+ 19 % Umsatzsteuer	5.722,80 €
= Bruttolistenpreis	35.842,80 €
Abrundung auf volle 100 Euro	35.800,00 €
1 % von 35.800 €	358,00 €
− 20 % Abschlag für nicht mit VoSt belastete Kosten	− 71,60 €
= Privatanteil für einen Monat	286,40 €
Privatanteil für zwei Monate (286,40 € x 2 Monate)	**572,80 €**
USt: 19 % von 572,80 €	**108,83 €**
20 % Abschlag: 71,60 € x 2 Monate	**143,20 €**

zu 3.1

Sollkonto	Betrag (€)	Habenkonto
6260 (4855) Sofortabschr. GWG	685,31	
1406 (1576) Vorsteuer 19 %	130,21	
	815,52	**3300** (1600) Verbindlichk. aLuL

Listenpreis	999,00 €
− 30 % Rabatt	−299,70 €
	699,30 €
− 2 % Skonto	− 13,99 €
= AK (GWG)	**685,31 €**

Bucher wählt die Sofortabschreibung, weil er einen möglichst niedrigen steuerlichen Gewinn erzielen will.

zu 3.2

Sollkonto	Betrag (€)	Habenkonto
0650 (0420) Büroeinrichtung	3.420,00	
1406 (1576) Vorsteuer 19 %	649,80	
	4.069,80	**3300** (1600) Verbindlichk. aLuL
6220 (4830) Abschreibungen	54,81*	**0650** (0420) Büroeinrichtung

* Degressive Abschreibung 2021: 3.420 € x 19,23 % = 657,69 € x $\frac{1}{12}$ = **54,81 €**

152 Prüfungsfälle

zu 4.1

Sollkonto	Betrag (€)	Habenkonto
1800 (1200) Bank	485.000,00*	
1940 (0986) Damnum/Disagio	15.000,00*	
	500.000,00	**3170** (0650) Verb. g. Kreditinst. > 5 J.

    *   Darlehen 500.000 € – **15.000 €** (3 % Damnum) = **485.000 €** (Bankgutschrift)

zu 4.2

Sollkonto	Betrag (€)	Habenkonto
7320 (2120) Zinsaufwendungen	5.937,50*	**1800** (1200) Bank
7324 (2124) Abschr. Disagio	375,00**	**1940** (0986) Damnum/Disagio

    *   Zinsen: 4,75 % von 500.000 € = 23.750 € x $^3/_{12}$ = **5.937,50 €**
   **   Damnum/Disagio: 15.000 € : 10 Jahre = 1.500 € x $^3/_{12}$ = **375 €**

zu 5.1

Sollkonto	Betrag (€)	Habenkonto
6670 (4670) Reisekosten U.	121,50*	
6670 (4670) Reisekosten U.	149,58**	
1406 (1576) Vorsteuer 19 %	36,92***	
	308,00	**1800** (1200) Bank

    *   Reisekosten Deutsche Bahn AG: 130 € : 1,07 = **121,50 €**
   **   Reisekosten Hotel: 178 € : 1,19 = **149,58 €**
  ***   Vorsteuer: 8,50 € + 28,42 € = **36,92 €**

zu 5.2

Sollkonto	Betrag (€)	Habenkonto
6670 (4670) Reisekosten U.	56,00*	**1600** (1000) Kasse

    *   Verpflegungspauschale: Montag 1 x 14 € = 14 €
                     Dienstag   1 x 28 € = 28 €
                       Mittwoch   1 x 14 € = <u>14 €</u>
                                            56 €

zu 5.3

Sollkonto	Betrag (€)	Habenkonto
6670 (4670) Reisekosten U.	14,02*	
1406 (1576) Vorsteuer 19 %	0,98*	
	15,00	**1600** (1000) Kasse

    *   Fahrtkosten Taxi: 15 € : 1,07 = **14,02 €** + Vorsteuer: 7 % von 14,02 € = **0,98 €**

Prüfungsfälle 153

zu 6

Sollkonto	Betrag (€)	Habenkonto
6620 (4635) Geschenke nicht abz.	57,12	
	48,00	**5200** (3200) Wareneingang
	9,12	**1406** (1576) Vorsteuer 19 %

Das Geschenk von mehr als 35 Euro ist als Betriebsausgabe nicht abzugsfähig (§ 4 Abs. 5 Nr. 1 EStG).

zu 7

Sollkonto	Betrag (€)	Habenkonto
1800 (1200) Bank	6.426,00*	**1240** (1460) Zweifelhafte Ford.

*   ursprüngliche Forderung   21.420 €
  – 70 % Erlass   – 14.994 €
  = Restforderung   **6.426 €**

Sollkonto	Betrag (€)	Habenkonto
6930 (2400) Forderungsverluste	12.600,00*	
3845 (1791) USt frühere Jahre	2.394,00**	
	14.994,00	**1240** (1460) Zweifelhafte Ford.

* 70 % von 18.000 € = **12.600 €**
** 19 % von 12.600 € = **2.394 €**

Sollkonto	Betrag (€)	Habenkonto
1246 (0998) Einzelwertb. a. Ford.	10.800,00*	**4923** (2731) Erträge aus Herabsetz.

* 60 % von 18.000 € = **10.800 €**

zu 8.1

Sollkonto	Betrag (€)	Habenkonto
6305 (4200) Raumkosten	12.000,00	
1406 (1576) Vorsteuer 19 %	2.280,00	
	14.280,00	**3500** (1700) Sonstige Verbindlichk.

zu 8.2

Sollkonto	Betrag (€)	Habenkonto
6805 (4920) Telefon	1.670,76	
1434 (1548) VoSt im Folgejahr abz.	317,44	
	1.988,20	**3300** (1600) Verbindlichk. aLuL

zu 8.3

Sollkonto	Betrag (€)	Habenkonto
1900 (0980) Aktive RA	600,00	**7685** (4510) Kfz-Steuer

154 Prüfungsfälle

zu 8.4

Sollkonto	Betrag (€)	Habenkonto
6490 (4807) Sonstige Reparaturen	148,75	**3500** (1700) Sonstige Verbindlichk.

zu 8.5

Sollkonto	Betrag (€)	Habenkonto
6450 (4260) Reparaturen u. Inst.	3.000,00	**3070** (0970) Sonstige Rückstell.

zu 8.6

Es darf steuerrechtlich keine Buchung vorgenommen werden, weil ein Rückstellungs-verbot nach Steuerrecht besteht [H 5.7 (1) EStH]. Nach § 249 Abs. 2 HGB ist die Bildung einer Rückstellung ebenfalls nicht zulässig.

zu 9.1

Sollkonto	Betrag (€)	Habenkonto
0135 (0027) EDV-Software	7.200,00	
1406 (1576) Vorsteuer 19 %	1.368,00	
	8.568,00	**3300** (1600) Verbindlichk. aLuL

zu 9.2

Sollkonto	Betrag (€)	Habenkonto
3300 (1600) Verbindlichk. aLuL	8.568,00	
	8.310,96	**1800** (1200) Bank
	216,00	**0135** (0027) EDV-Software
	41,04	**1406** (1576) Vorsteuer 19 %

	Anschaffungspreis (netto)	7.200,00 €
+	19 % USt	+ 1.368,00 €
=	Rechnungspreis	**8.568,00 €**
−	3 % Skonto (**216 €** + **41,04 €**)	− 257,04 €
=	Banküberweisung	**8.310,96 €**

zu 9.3

Sollkonto	Betrag (€)	Habenkonto
0135 (0027) EDV-Software	400,00	
1406 (1576) Vorsteuer 19 %	78,00	
	478,00	**3300** (1600) Verbindlichk. aLuL

zu 9.4

Die **Anschaffungskosten** betragen:	
9.1	7.200,00 €
9.2	- 216,00 €
9.3	+ 400,00 €
AK	**7.384,00 €**

zu 9.5

Sollkonto	Betrag (€)	Habenkonto
6200 (4822) Abschr. auf imm. VG	7.384,00	**0135** (0027) EDV-Software

Die EDV-Software fällt in den Anwendungsbereich des **BMF-Schreibens vom 26.02.2021**. Entsprechend kann die EDV-Software **vollständig im Jahr der Anschaffung** abgeschrieben werden.

zu 10

Sollkonto	Betrag (€)	Habenkonto
6020 (4120) Gehälter	1.500,00	
	1.026,50	**1800** (1200) Bank
	136,48	**3730** (1741) Verb. LSt/KiSt
	337,02	**3740** (1742) Verb. i.R.d.s.S.
6110 (4130) Ges. soziale Aufw.	318,87	**3740** (1742) Verb. i.R.d.s.S.

Bruttogehalt		1.500,00 €
⅔ der ortsübl. Miete einschl. Nebenkosten 350 €	233 €	
- gezahlte Miete	200 €	
= verbleiben (positiv)	33 €	
- 44-€-Freigrenze (Sachbezug) nicht überschritten	– 33 €	
+ geldwerter Vorteil (**verbilligte Wohnung**)		**0,00 €**
= steuer- und sozialversicherungspflichtiger Arbeitslohn		1.500,00 €
- Lohnsteuer/Kirchensteuer/Solidaritätszuschlag		– 136,48 €
- Sozialversicherungsbeiträge		– 337,02 €
= Nettogehalt/Auszahlungsbetrag		1.026,50 €

156 Prüfungsfälle

AUFGABE

I. Sachverhalt

Siegfried Müller betreibt in Freiburg eine Maschinenfabrik. Er ermittelt seinen Gewinn nach den §§ 4 Abs. 1, 5 EStG und ist regelbesteuerter Unternehmer im Sinne des UStG. Der Bilanzbuchhalter des Unternehmens hat den Jahresabschluss im Wesentlichen vorbereitet, der Steuerberater Ralph Mutig, Freiburg, soll ihn jedoch vervollständigen; dabei fallen ihm die nachstehenden Probleme auf. Bei Abweichungen zwischen handelsrechtlicher und steuerrechtlicher Kontierung ist die steuerrechtliche Kontierung vorzunehmen. Insbesondere wird für steuerrechtliche Zwecke eine getrennte Anlagenbuchhaltung geführt. Müller möchte im Wirtschaftsjahr 2021 einen möglichst geringen steuerlichen Gewinn ausweisen. Der Betrieb erfüllt die Voraussetzungen des § 7g Abs. 1 Satz 2 EStG.

1. Im Jahre 2020 hat Müller ein bebautes Grundstück erworben; der Übergang von Nutzen und Lasten erfolgte zum 01.10.2020 und das Grundstück wurde auch seit diesem Zeitpunkt betrieblich genutzt. Der Anschaffungsvorgang wurde korrekt erfasst und das Gebäude wurde mit 3 % linear abgeschrieben. Die Abschreibung des Jahres 2021 wurde in Höhe von 18.000 € gebucht. Das Bürogebäude wurde im Jahre 2008 hergestellt. Die Anschaffungskosten des Gebäudes betrugen 600.000 € und die des Grund und Bodens 400.000 €. Im Frühjahr 2021 ließ Müller umfangreiche Renovierungsarbeiten (Erhaltungsaufwendungen: Dach, Fenster, Türen, Bodenbeläge und Fassade) durchführen, die Arbeiten wurden am 30.06.2021 abgeschlossen. Der Bilanzbuchhalter buchte die Eingangsrechnungen der Handwerker wie folgt:

Sollkonto	Betrag (€)	Habenkonto
6350 (2350) Grundstücksaufwendungen	180.000,00	**3300** (1600) Verb. aLuL
1406 (1576) Vorsteuer 19 %	34.200,00	**3806** (1776) USt 19 %

2. Im August 2015 hatte Müller ein unbebautes Grundstück, das direkt neben dem Gelände seines Betriebes gelegen ist, zu Anschaffungskosten in Höhe von 150.000 € erworben. Er wollte ursprünglich darauf ein Einfamilienhaus für eigene Wohnzwecke errichten. Entgegen seiner ursprünglichen Absicht nutzt Müller jedoch das Grundstück seit dem März 2021 ausschließlich als Lagerplatz für seinen Betrieb. Im März 2021 hatte das Grundstück einen Teilwert von 200.000 € und am 31.12.2021 von 220.000 €. Die laufenden Grundstücksaufwendungen (Grundsteuer, Versicherungen) in Höhe von 2.000 € zahlte Müller von seinem privaten Bankkonto. Bisher erfolgten noch keine Buchungen.

3. In einem Gebäude des Betriebs lagern auch üblicherweise wertvolle Zubehörteile für die Maschinenproduktion. Da schon mehrmals in das Gebäude eingebrochen wurde und immer ein hoher Schaden entstand, schlug die Versicherung vor, eine moderne Alarmanlage in das Gebäude einzubauen. Das Versicherungsunternehmen versprach, die Kosten für die Alarmanlage mit 20 % zu bezuschussen. Müller ließ im August 2021 die Alarmanlage für 60.000 € zuzüglich 19 % USt einbauen. Die Alarmanlage hat eine Nutzungsdauer von 12 Jahren und ist nach einer verbindlichen Auskunft des Betriebsfinanzamts in diesem Fall als Betriebsvorrichtung zu beurteilen. Die Versicherung überwies den Zuschuss sofort nach der Fertigstellung am 13.08.2021. Der Bilanzbuchhalter des Unternehmens buchte wie folgt:

Alarmanlage:

Sollkonto	Betrag (€)	Habenkonto
6350 (2350) Grundstücksaufwendungen	60.000,00	**3300** (1600) Verb. aLuL
1406 (1576) Vorsteuer 19 %	11.400,00	**3806** (1776) USt 19 %

Zuschuss:

Sollkonto	Betrag (€)	Habenkonto
1800 (1200) Bank	12.000,00	**4970** (2742) Erträge aus Versicherungsleistungen

4. In der Nacht zum 31.10.2021 wurde ein Lkw, der ordnungsgemäß vor dem Firmengelände abgestellt war, von einem anderen Verkehrsteilnehmer beschädigt: Die hintere Stoßstange wurde leicht eingedrückt, aber die Funktion des Lkws wurde nicht beeinträchtigt. Müller ließ am Lkw keine Reparatur durchführen. Der Verkehrsteilnehmer flüchtete unbekannt. Am 06.12.2021 fand Müller einen Umschlag in seinem Briefkasten mit 400 € Bargeld und einem Brief mit dem Text: „Ich habe ein schlechtes Gewissen, weil ich Ihren Lkw beschädigt habe. Ich hoffe, dass das Geld reicht, um den Schaden zu beheben". Müller erfasste den Vorgang nicht in der Finanzbuchhaltung.

5. Siegfried Müller plant die Anschaffung eines Lieferwagens. Der Lkw soll im Jahre 2022 angeschafft werden. Die voraussichtlichen Anschaffungskosten betragen 80.000 €.

6. Müller hat im Jahre 2021 ein weiteres unbebautes Grundstück erworben, das als Parkplatz für den betrieblichen Fuhrpark dienen soll. Die Verkäuferin, die 66-jährige Emilie Struck aus Karlsruhe, erhielt vereinbarungsgemäß am Tage des Übergangs von Nutzen und Lasten (01.01.2021) eine Barzahlung in Höhe von 20.000 €; weiterhin wurde im Kaufvertrag vereinbart, dass sie lebenslänglich eine Rente in Höhe von 500 € von Müller erhalten soll. Müller zahlt die Rente monatlich nachschüssig. Der Bilanzbuchhalter buchte den Geschäftsvorfall wie folgt:

Barzahlung:

Sollkonto	Betrag (€)	Habenkonto
0230 (0080) Unbebaute Grundstücke	20.000,00	**1800** (1200) Bank

Rentenzahlungen (zusammen gefasst: 12 x 500,00 €):

Sollkonto	Betrag (€)	Habenkonto
6300 (4900) Sonst. betriebliche Aufw.	6.000,00	**1800** (1200) Bank

II. Aufgabe

1. Bilden Sie die notwendigen Buchungssätze zu den Textziffern 1 bis 6.

2. Ermitteln Sie die Bilanzansätze der in den Textziffern angesprochenen Wirtschaftsgütern.

3. Stellen Sie fest, in welcher Höhe sich Ihre Lösungen auf den steuerlichen Gewinn auswirken.

Prüfungsfälle

Lösung:

Tz. 1

zu 1. (Buchungssätze)

Die Erhaltungsaufwendungen des Jahres 2021 sind „anschaffungsnaher Aufwand", weil sie kurze Zeit (3 Jahre) nach dem Anschaffungszeitpunkt angefallen sind und mehr als 15 % (180.000,00 > 90.000,00) der Anschaffungskosten betragen. Sie sind wie nachträgliche Anschaffungskosten zu behandeln:

Korrekturbuchung:

Sollkonto	Betrag (€)	Habenkonto
0240 (0090) Geschäftsbauten	180.000,00	**6350** (2350) Grundstücksaufw.

Abschreibung:

Sollkonto	Betrag (€)	Habenkonto
6220 (4830) Abschreibung	5.400,00*	**0240** (0090) Geschäftsbauten

* Berechnung der Abschreibung:

Anschaffungskosten 2020	600.000,00 €
+ anschaffungsnaher Aufwand 2021	180.000,00 €
= Bemessungsgrundlage für die AfA	780.000,00 €
x 3 % (§ 7 Abs. 4 EStG)	23.400,00 €
- schon gebucht	- 18.000,00 €
= noch zu buchen	**5.400,00 €**

zu 2. (Bilanzansätze)

Buchwertentwicklung des Gebäudes:

Anschaffungskosten 2020	600.000 €
- Abschreibung 2020 (3 % x 3⁄12)	- 4.500 €
= Buchwert 31.12.2020	595.500 €
+ anschaffungsnaher Aufwand 2021	180.000 €
- Abschreibung 2021	- 23.400 €
= Bilanzansatz 31.12.2021	**752.100 €**

zu 3. (Gewinnauswirkungen)

Korrekturbuchung	+ 180.000 €
Abschreibung 2021	- 5.400 €
Gewinnauswirkung insgesamt	**+ 174.600 €**

Prüfungsfälle **159**

Tz. 2

zu 1. (Buchungssätze)

Durch die betriebliche Nutzung gehört das unbebaute Grundstück zum notwendigen Betriebsvermögen und ist somit als Einlage zu erfassen. Der Einlagewert ergibt sich nach § 6 Abs. 1 Nr. 5 EStG. Weil das Grundstück innerhalb von 3 Jahren vor dem Einlagentermin angeschafft wurde, sind die historischen Anschaffungskosten in Höhe von 150.000 € anzusetzen.

Sollkonto	Betrag (€)	Habenkonto
0230 (0080) Unbebaute Grundstücke	150.000,00	**2180** (1890) Privateinlagen

Korrekturbuchung:
Die Grundstücksaufwendungen sind als Betriebsausgaben anzusetzen, weil das Grundstück zum Betriebsvermögen gehört.

Sollkonto	Betrag (€)	Habenkonto
6350 (2350) Grundstücksaufwendung.	2.000,00	**2180** (1890) Privateinlagen

zu 2. (Bilanzansätze)

Das unbebaute Grundstück ist in der Bilanz mit **150.000 €** anzusetzen.

zu 3. (Gewinnauswirkung)

Privateinlage	0 €
Korrekturbuchung	– 2.000 €
Gewinnauswirkung insgesamt	**– 2.000 €**

Tz. 3

zu 1. (Buchungssätze)

Die Alarmanlage ist nach Feststellung der Finanzverwaltung eine Betriebsvorrichtung und damit ein bewegliches Wirtschaftsgut. Sie ist deshalb selbständig zu bewerten.

Korrekturbuchungen:

Sollkonto	Betrag (€)	Habenkonto
0470 (0280) Betriebsvorrichtungen	60.000,00	**6350** (2350) Grundstücksaufw.

Der Zuschuss, den die Versicherungsgesellschaft leistet, liegt im eigenen Interesse des Zuschussgebers. Gemäß R 6.5 EStR 2012 hat der Empfänger dann die Möglichkeit, den Zuschuss erfolgsneutral zu behandeln; dazu muss er die Anschaffungskosten des Wirtschaftsgutes mindern (R 7.3 Abs. 4 EStR 2012).

Sollkonto	Betrag (€)	Habenkonto
4970 (2742) Erträge a. Versicherungsl.	12.000,00	**0470** (0280) Betriebsvorr.

Die Alarmanlage muss auf die Nutzungsdauer abgeschrieben werden.

linearer Abschreibungssatz: (100 : 12 Jahre)   8 ⅓ %
Abschreibung 2021: 48.000,00 € (60.000 € – 12.000 €) x 8 ⅓ x ⁵/₁₂) **1.667 €**
Daneben kann noch die Sonderabschreibung nach § 7g Abs. 5 EStG in Anspruch
genommen werden (20 % von 48.000 €) =   **9.600 €**

zu 2. (Bilanzansätze)

Buchwertentwicklung der Alarmanlage:

	Herstellungskosten 2021	60.000 €
–	Zuschuss	– 12.000 €
=	Buchwert	48.000 €
–	Abschreibung 2021	– 1.667 €
–	Sonderabschreibung § 7g EStG 20 %	– 9.600 €
=	Bilanzansatz 31.12.2021	**36.733 €**

zu 3. (Gewinnauswirkungen)

Korrekturbuchung 1	+ 60.000 €
Korrekturbuchung 2	– 12.000 €
Abschreibungen (1.667 € + 9.600 €)	– 11.267 €
Gewinnauswirkung insgesamt	+ **36.733 €**

Tz. 4

zu 1. (Buchungssätze)

Die Zahlung des Unfallverursachers ist als Schadensersatz zu beurteilen. Sie ist eine
Betriebseinnahme, die umsatzsteuerlich nicht steuerbar ist.

Korrekturbuchung:

Sollkonto	Betrag (€)	Habenkonto
2100 (1800) Privatentnahmen	400,00	**4970** (2742) Erträge a. Versicherungsl.

zu 3. (Gewinnauswirkungen)

Korrekturbuchung	+ **400 €**

Prüfungsfälle **161**

Tz. 5
zu 1. (Buchungssätze)

Der Gewerbetreibende kann einen Investitionsabzugsbetrag nach § 7g Abs. 1 EStG in Höhe von 50 % der voraussichtlichen Anschaffungskosten in Anspruch nehmen.

50 % von 80.000,00 € = **40.000 €**

Er mindert den Gewinn. Die Gewinnminderung ist **außerbilanziell** vorzunehmen.
Will der Steuerpflichtige den Investitionsabzugsbetrag buchmäßig erfassen, kann das über **statistische Konten** erfolgen.

Buchung über statistische Konten:

Sollkonto	Betrag (€)	Habenkonto
9970 (9970) Investitionsabzugsbetrag	40.000,00	**9971** (9971) Gegenkonto

zu 3. (Gewinnauswirkungen)

(außerbilanzielle) Gewinnauswirkung	**– 40.000 €**

Tz. 6
zu 1. (Buchungssätze)

Beim Erwerb des unbebauten Grundstücks auf Rentenbasis ergeben sich die Anschaffungskosten aus dem Rentenbarwert, der nach der Anlage zu § 14 Abs. 1 BewG zu berechnen ist (BMF vom 02.12.2019 - IV C 7 - S 3104/19/10001 :003). Gleichzeitig ist die Rentenverpflichtung zu passivieren:

Kapitalwert am 01.01.2021:	6.000,00 x 12,357 =	74.142 €
Kapitalwert am 31.12.2021:	6.000,00 x 12,070 =	72.420 €

Korrekturbuchungen:
zum Anschaffungszeitpunkt:

Sollkonto	Betrag (€)	Habenkonto
0230 (0080) Unbebaute Grundstücke	74.142,00	**3507** (1703) Sonstige Verbindl.

zum Bilanzstichtag:

Sollkonto	Betrag (€)	Habenkonto
3507 (1703) Sonstige Verbindl.	1.722,00	**6300** (4900) Sonst. betr. Aufw.

162 Prüfungsfälle

<u>zu 2.</u> (Bilanzansätze)

Buchentwicklung des unbebauten Grundstücks:	
Barzahlung	20.000 €
+ Kapitalwert	+ 74.142 €
= Anschaffungskosten = Bilanzansatz 31.12.2021	**94.142 €**
Rentenverbindlichkeit:	
„Anschaffungskosten" 01.01.2021	74.142 €
- Auflösung zum 31.12.2021	- 1.722 €
= Bilanzansatz 31.12.2021	**72.420 €**

<u>zu 3.</u> (Gewinnauswirkungen)

Korrekturbuchung 2 (zum Bilanzstichtag)	- **1.722 €**

link.springer.com

BORNHOFEN – unsere Nr. 1 – mit LernApp* und eBook inside

Bornhofen/Bornhofen
**Buchführung 1
DATEV- Kontenrahmen 2021**
Grundlagen der Buchführung für Industrie- und Handelsbetriebe

33., überarb. u. aktualisierte Aufl. 2021, XVIII, 469 S. Book + eBook. Brosch.
€ (D) 24,99 | € (A) 24,52 | CHF 28.00
ISBN 978-3-658-33830-5
€ 24,99 | CHF 28.00
ISBN 978-3-658-33831-2 (eBook)

Bornhofen/Bornhofen
**Lösungen zum Lehrbuch Buchführung 1
DATEV-Kontenrahmen 2021**
Mit zusätzlichen Prüfungsaufgaben und Lösungen

33., überarb. u. aktualisierte Aufl. 2021, VIII, 161 S. Book + eBook. Brosch.
€ (D) 22,99 | € (A) 22,56 | CHF 25.50
ISBN 978-3-658-33832-9
€ 22,99 | CHF 25.50
ISBN 978-3-658-33833-6 (eBook)

Bornhofen/Bornhofen
**Steuerlehre 1
Rechtslage 2021**
Allgemeines Steuerrecht, Abgabenordnung, Umsatzsteuer

42., überarb. u. aktualisierte Aufl. 2021, XXII, 445 S. Book + eBook. Brosch.
€ (D) 24,99 | € (A) 24,52 | CHF 28.00
ISBN 978-3-658-33834-3
€ 24,99 | CHF 28.00
ISBN 978-3-658-33835-0 (eBook)

Bornhofen/Bornhofen
**Lösungen zum Lehrbuch Steuerlehre 1
Rechtslage 2021**
Mit zusätzlichen Prüfungsaufgaben und Lösungen

42., überarb. u. aktualisierte Aufl. 2021, VIII, 146 S. Book + eBook. Brosch.
€ (D) 22,99 | € (A) 22,56 | CHF 25.50
ISBN 978-3-658-33836-7
€ 22,99 | CHF 25.50
ISBN 978-3-658-33837-4 (eBook)

* **Springer Nature Flashcards**, Zugangscode **exklusiv** in den **Print**ausgaben der **Lehr**bücher.

€ (D): gebundener Ladenpreis in Deutschland, € (A): Preis in Österreich. CHF: unverbindliche Preisempfehlung. Alle Preise inkl. gesetzl. MwSt. zzgl. evtl. anfallender Versandkosten.

Jetzt bestellen auf link.springer.com   Part of **SPRINGER NATURE**

Ihr Bonus als Käufer dieses Buches

Als Käufer dieses Buches können Sie kostenlos das eBook zum Buch nutzen.
Sie können es dauerhaft in Ihrem persönlichen, digitalen Bücherregal
auf **link.springer.com** speichern oder auf Ihren PC/Tablet/eReader downloaden.

Gehen Sie bitte wie folgt vor:

1. Gehen Sie zu **link.springer.com** und suchen Sie das vorliegende Buch
   (am schnellsten über die Eingabe der eISBN).
2. Legen Sie es in den Warenkorb und klicken Sie dann auf:
   zum Einkaufswagen/zur Kasse.
3. Geben Sie den untenstehenden Coupon ein. In der Bestellübersicht wird
   damit das eBook mit 0 Euro ausgewiesen, ist also kostenlos für Sie.
4. Gehen Sie weiter **zur Kasse** und schließen den Vorgang ab.
5. Sie können das eBook nun downloaden und auf einem Gerät Ihrer Wahl lesen.
   Das eBook bleibt dauerhaft in Ihrem digitalen Bücherregal gespeichert.

EBOOK INSIDE

eISBN:	978-3-658-36173-0
Ihr persönlicher Coupon:	uCvOYFakYUo4oHz

Sollte der Coupon fehlen oder nicht funktionieren, senden Sie uns bitte
eine E-Mail mit dem Betreff: **eBook inside** an **customerservice@springernature.com**.